Burkhardt · Erbrecht für Immobilienbesitzer

Für Jan-Karl, Eva und Lisa

Erbrecht für Immobilienbesitzer

Vorsorgen –
rechtzeitig und richtig

Von
Dr. jur. Werner Burkhardt
Rechtsanwalt in Freiburg

Haufe Verlagsgruppe
Freiburg · Berlin · München

Die Deutsche Bibliothek – CIP-Einheitsaufnahme

Burkhardt, Werner:
Erbrecht für Immobilienbesitzer : vorsorgen – rechtzeitig und richtig / von Werner Burkhardt. – Freiburg i. Br. ; Berlin ; München : Haufe, 1997
ISBN 3-448-03566-1

ISBN 3-448-03566-1 Best.-Nr. 62.53

© Rudolf Haufe Verlag, Freiburg i. Br. 1997

Lektorat: Gerald Amann

Alle Rechte, auch die des auszugsweisen Nachdrucks, der fotomechanischen Wiedergabe (einschließlich Mikrokopie) sowie der Auswertung durch Datenbanken oder ähnliche Einrichtungen, vorbehalten.

Umschlag: Buttgereit & Heidenreich, Kommunikationsdesign, Haltern am See
Satz: CSF · ComputerSatz GmbH, Freiburg i. Br.
Druck: Lahrer Anzeiger GmbH, Druckerei und Verlag, Lahr

Das Papier ist aus chlorfrei gebleichtem Zellstoff hergestellt.

Vorwort

Jeder von uns und besonders der Eigentümer von Immobilien steht irgendwann einmal vor der Frage:
Soll ich für den Fall meines Todes etwas regeln, etwa meinen letzten Willen niederschreiben, einen Erbvertrag abschließen oder einem lieben Menschen oder einer unterstützungsbedürftigen Einrichtung eine Schenkung machen?

Kurz: Ist es geboten, den Nachlaß zu ordnen? Oder nimmt mir gar der Staat diese oft lästigen und immer wieder aufgeschobenen Fragen ab, bzw. verteilt das gesetzliche Erbrecht mein Vermögen auch nach meinem Wunsche?

Einleuchtend ist zunächst, daß mit dem Tode eines Menschen sein bisheriges Vermögen nicht einfach wegfällt. „Niemand nimmt etwas mit", wie es der Volksmund treffend ausdrückt. Haus, Wohnung, Auto, Wertpapiere, Bankkonto und auch Schulden muß der Verstorbene seinen Hinterbliebenen zurücklassen oder, wie es das aus der Jahrhundertwende stammende Bürgerliche Gesetzbuch formuliert, „nachlassen". Aus dem Vermögen zu Lebzeiten wird im Todesfall also der Nachlaß.

Dieser Nachlaß aller aktiven und passiven Vermögenswerte geht in erster Linie an denjenigen, den der Mensch in seinem letzten Willen bestimmt hat. Hat der Erblasser einen letzten Willen jedoch nicht niedergeschrieben, also eine sogenannte letztwillige Verfügung nicht getroffen, gelten die gesetzlichen Regeln. Die gesetzliche Erbfolge stellt deshalb nur einen Ersatz für den nicht formulierten letzten Willen eines Verstorbenen dar und verteilt den Nachlaß unter den Erben nach den gesetzlichen Vorschriften, die sich danach orientieren, was der Erblasser vermutlich und im allgemeinen gewollt haben könnte.

Die Frage nach der rechtzeitigen und richtigen Vorsorge ist damit in zwei Schritten zu beantworten.

1. Schritt: Paßt die gesetzliche Erbfolge?
Wenn Sie sich mit dem gesetzlichen Erbrecht vertraut gemacht haben, können Sie gegebenenfalls zusammen mit einem Erbrechtsfachmann leicht entscheiden, ob das gesetzliche Erbrecht, das Recht der Erbengemeinschaft oder das Pflichtteilsrecht in Ihrer Situation paßt oder die erbschaftsteuerlichen Belastungen für Ihre Nachkommen erträglich sind. In diesem Fall brauchen Sie keine erbrechtliche Vorsorge treffen, weil das gesetzliche Erbrecht ausreicht.

2. Schritt: Was muß ich unternehmen?
Stellen Sie jedoch – wie häufig – fest, daß die gesetzlichen Regelungen unpassend oder gar nachteilig für Sie sind oder überhaupt nicht Ihrem letzten Willen entsprechen, müssen Sie erbrechtlich vorsorgen.

Der vorliegende Erbrechtsratgeber will Ihnen bei diesen beiden wichtigen Fragen helfen, damit Sie sich selbst sachkundig machen können. Den rechtlichen Rat eines in Erbrechtsfragen erfahrenen Rechtsanwalts oder Notars kann der Erbrechtsratgeber aber nicht ersetzen.

Entsprechend der beiden Fragen – Vorsorgen warum? und Vorsorgen wie? – werden im ersten Kapitel des Ratgebers die gesetzlichen Regelungen des Erbrechts – gesetzliche Erben (1), die Erbschaft (2), das Pflichtteilsrecht (3) und die Erbschaftsteuer nach dem neuen Erbschaft- und Schenkungsteuergesetz (4) dargestellt. Zahlreiche Beispiele erläutern die manchmal trockene Rechtsmaterie; unter dem Stichwort „Vorsorgen" werden die Frei- und Gestaltungsräume eines Vorsorgenden dargestellt.

Das zweite Kapitel befaßt sich dann mit der Frage – Vorsorgen wie? –, auf welche Art und Weise das Vermögen mit einer Verfügung von Todes wegen oder anderen Maßnahmen zu Lebzeiten (Stichwort: vorweggenommene Erbfolge) nach dem Willen des Erblassers gestaltet werden kann. Zum Schluß gibt eine Checkliste erste Hinweise zum Verhalten nach einem Todesfall.

Freiburg, im Juni 1997   Dr. jur. Werner Burkhardt

Inhalt

Vorwort 5

1. Kapitel: **Vorsorgen – warum?**
Die gesetzliche Vorsorge 15

1	Die Erbfolge nach dem Gesetz	15
1.1	Die gesetzliche Erbfolge der Verwandten	16
1.1.1	Die Verwandten der 1. Ordnung	17
1.1.2	Die Eltern und deren Abkömmlinge (gesetzliche Erben der 2. Ordnung)	19
1.1.3	Die Großeltern und deren Abkömmlinge (gesetzliche Erben 3. Ordnung) sowie die ferneren Ordnungen	21
1.2	Das Erbrecht der Ehegatten	22
1.2.1	Die rechtsgültige Ehe	22
1.2.2	Die nichteheliche Lebensgemeinschaft	23
1.2.3	Die Größe des Ehegattenerbteils	24
1.2.4	Der Voraus	29
1.3	Die Erbengemeinschaft	29
1.3.1	Gesamthandsgemeinschaft	30
1.3.2	Übertragung eines Anteils	32
1.3.3	Die Verwaltung	32
1.3.4	Haftung	34
1.3.5	Auseinandersetzung	35
1.3.6	Nachlaßteilung	38
1.4	Erbunwürdigkeit	39

2		**Die Erbschaft**	42
2.1		Gesamtrechtsnachfolge	42
2.2		Der Nachlaß	43
2.2.1		Ansprüche oder Forderungen aus Verträgen	43
2.2.2		Gesetzliche Ansprüche	44
2.2.3		Sachenrechte	45
2.2.4		Die Mietwohnung als gemeinsamer Hausstand . . .	45
2.2.5		Andere Mietverhältnisse (gewerbliche Mietverträge)	47
2.2.6		Handelsgeschäft und Handwerksbetrieb	48
2.2.7		OHG und KG	49
2.2.8		Aktien und GmbH-Anteile	49
2.2.9		Bankkonten	49
2.2.10		Lebensversicherungen	50
2.2.11		Unvererbliche Rechte und Pflichten	50
2.3		Nachlaß im Ausland	50
2.3.1		Grundsatz: Deutsches Erbrecht	51
2.3.2		Ausländische Immobilie: Die wichtige Ausnahme! .	51
2.4		Schulden	53
2.4.1		Erblasserschulden	53
2.4.2		Erbfallschulden	53
2.4.3		Nachlaßerbenschulden	53
2.5		Haftung	54
2.5.1		Nachlaßverwaltung	54
2.5.2		Nachlaßkonkurs	55
2.5.3		Einreden des Erben	55

Inhalt

3	Der Pflichtteil – Grenze der letztwilligen Vermögensgestaltung	56
3.1	Zweck des Pflichtteilsrechts	56
3.2	Was ist der Pflichtteil?	57
3.3	Die Pflichtteilsberechtigten	57
3.4	Gegen wen richtet sich der Pflichtteilsanspruch?	58
3.5	Berechnung des Pflichtteils	59
3.5.1	Die Pflichtteilsquote	59
3.5.2	Nachlaßwert	62
3.5.3	Nachlaßwert bei Übernahme eines Landguts	63
3.6	In welchen Fällen schützt das Pflichtteilsrecht die nächsten Angehörigen?	63
3.6.1	Enterbung durch Testament	63
3.6.2	Ein zu geringer Erbteil – der Pflichtteilsrestanspruch	64
3.6.3	Beschränkungen und Beschwerungen	66
3.6.4	Lebzeitige Schenkungen – die Pflichtteilsergänzung	67
4	Erbschaft- und Schenkungsteuer	69
4.1	Gegenstand der Erbschaft- und Schenkungsteuer	70
4.2	Wer ist steuerpflichtig?	70
4.3	Der steuerpflichtige Erwerb	71
4.3.1	Die Bereicherung	71
4.3.2	Was ist abzugsfähig?	71
4.3.3	Grundbesitz	72
4.4	Wie hoch ist die Erbschaftsteuer?	74
4.4.1	Steuerklassen	74
4.4.2	Freibeträge	76

4.4.3	Steuertabelle	78
4.4.4	Berücksichtigung früherer Erwerbe – 10-Jahres-Frist	79

2. Kapitel: Vorsorgen – aber wie? ... 81

1	Die Vermögensgestaltung nach dem letzten Willen	81
1.1	Testierfreiheit	81
1.2	Testierfähigkeit	83
1.3	Testamentsformen	83
1.4	Letztwillige Verfügungen – die vorteilhafte Form	84
1.4.1	Eigenhändiges Testament	84
1.4.1.1	Vor- und Nachteile	84
1.4.1.2	Voraussetzungen des eigenhändigen Testaments	85
1.4.1.3	Amtliche Verwahrung	89
1.4.2	Öffentliches Testament	90
1.4.3	Gemeinschaftliches Testament von Eheleuten	90
1.4.4	Erbvertrag	92
1.4.5	Nottestamente	94
1.5	Der richtige Inhalt einer letztwilligen Verfügung	95
1.5.1	Erbeinsetzung – wer soll Erbe werden?	96
1.5.1.1	Vermeiden der gesetzlichen Erben	96
1.5.1.2	Natürliche und juristische Personen	96
1.5.1.3	Erben genau bezeichnen!	97
1.5.1.4	Wer soll was erhalten?	97
1.5.2	Der Ehegatte als Erbe – das gemeinschaftliche Testament	99
1.5.2.1	Das Berliner Testament – der Ehegatte als Alleinerbe	101
1.5.2.2	Vor- und Nacherbschaft – was ist gewollt?	101
1.5.2.3	Wiederverheiratungsklausel	103

Inhalt

1.5.2.4	Pflichtteilsansprüche der Kinder – Gefahr für den überlebenden Ehegatten!	103
1.5.2.5	Gewinnt, wer den Pflichtteil fordert? – Die „Meckerer-Klausel"	105
1.5.2.6	Widerruf eines gemeinschaftlichen Testaments	107
1.5.3	Enterbung	109
1.5.4	Entziehung des Pflichtteils – Gestaltungsmöglichkeiten des Erblassers	109
1.5.4.1	Erbunwürdigkeitserklärung durch Testament	110
1.5.4.2	Pflichtteilsbeschränkung in guter Absicht	111
1.5.5	Ersatzerbe	113
1.5.6	Vor- und Nacherbe	115
1.5.6.1	Anordnung durch Testament	115
1.5.6.2	Nichtbefreiter Vorerbe	116
1.5.6.3	Nacherbe auf den Überrest	117
1.5.6.4	Befreiter Vorerbe	118
1.5.6.5	Vor- und Nacherbschaft – warum?	118
1.5.7	Vermächtnis	119
1.5.7.1	Drei Bedeutungen des Wortes „Vermächtnis"	120
1.5.7.2	Wofür ist ein Vermächtnis gut?	121
1.5.7.3	Die Arten des Vermächtnisses	122
1.5.8	Auseinandersetzungsregelungen	126
1.5.8.1	Ausschluß der Auseinandersetzung	126
1.5.8.2	Teilungsanordnung	127
1.5.9	Auflage	128
1.5.10	Testamentsvollstrecker	129
1.5.11	Personen- und Vermögenssorge für Minderjährige	131
1.5.12	Errichtung einer Stiftung	132
1.5.13	Bestattungsbestimmung – welches Grabmal?	133
1.5.14	Organspende	134
1.5.15	Patiententestament	135
1.6	Widerruf und Änderung einer letztwilligen Verfügung	136
1.6.1	Widerruf durch ein neues Testament	137
1.6.2	Widerruf durch Vernichtung oder Veränderung einer letztwilligen Verfügung	138

1.6.3	Rückgabe eines öffentlichen Testaments aus der besonderen amtlichen Verwahrung	138
1.6.4	Widerruf des gemeinschaftlichen Testaments	139
2	**Andere Möglichkeiten der Vorsorge**	**139**
2.1	Die vorweggenommene Erbfolge	139
2.1.1	Zuwendung gegen Erbverzicht	139
2.1.2	Ziele der vorweggenommenen Erbfolge	140
2.1.3	Vor- und Nachteile der vorweggenommenen Erbfolge	143
2.2	Übergabeverträge und Schenkungen	145
2.2.1	Gegenstände des Übergabevertrags	145
2.2.2	Form	146
2.3	Schenkungen unter Lebenden	147
2.3.1	Arten der Schenkung	148
2.3.2	Formvorschriften	150
2.3.3	Notbedarf – Achtung Sozialamt!	151
2.3.4	Grober Undank – Schenkungswiderruf	152
2.3.5	Anrechnung auf den Pflichtteil	154
2.4	Ausstattungen und Zuwendungen an Kinder	156
2.4.1	Die Ausgleichspflicht	156
2.4.2	Welche Personen sind ausgleichspflichtig?	157
2.4.3	Welche Zuwendungen sind ausgleichspflichtig?	157
2.4.4	Berechnung des Ausgleichs	158
2.4.5	Abweichende Ausgleichsanordnungen	160
2.5	Pflege im Alter und ihr Ausgleich	162
2.6	Schenkungen auf den Todesfall	164
2.7	Heimliche Schenkungen	165
2.8	Erbverzicht gegen Abfindung	167
2.8.1	Absichten	167

2.8.2	Zweck des Erbverzichts	168
2.8.3	Gegenstand des Verzichts	168
2.8.4	Rechtsfolgen	169
2.9	Gegenleistungen	170
2.9.1	Nießbrauchsvorbehalt	170
2.9.2	Wohnrecht	173
2.9.3	Das Altenteil (Leibgeding)	177
2.9.4	Pflegeverpflichtung – Hauspflege	178
2.9.5	Leibrente	179
2.9.6	Gleichstellungsgeld und Wertsicherung	180
2.10	Erbausgleich des nichtehelichen Kindes	183
2.11	Die Lebensversicherung und sonstige Verträge zugunsten Dritter	184
2.11.1	Arten der Lebensversicherung	184
2.11.2	Erbrechtliche Bedeutung der Todesfallversicherung	185
2.11.3	Bezugsberechtigte	186
2.11.4	Lebensversicherung zur Finanzierung des Pflichtteils oder der Erbschaftsteuer	189
2.12	Gebrechlichkeit und Betreuung	191
2.12.1	Die Gebrechlichkeits- und Vorsorgevollmacht	191
2.12.2	Die Altersvorsorgevollmacht	193
2.12.3	Vollmacht auf den Todesfall und über den Tod hinaus	194
2.12.4	Betreuungsverfügungen	195
2.12.5	Doppel- und Ersatzbevollmächtigung	196
3	**Wer hilft bei der Vorsorge? – Der Erbrechtsberater**	197
4	**Der Todesfall – was tun?**	198
4.1	Todesanzeige beim Standesamt	198

4.2	Beauftragung eines Bestattungsunternehmens	...	199
4.3	Nachricht an die Kirchengemeinde	....	199
4.4	Grab und Grabpflege	....	199
4.5	Nachlaßgericht	....	200
4.6	Achtung: 6-Wochenfrist! Ausschlagen oder annehmen?	....	201

Stichwortverzeichnis 203

1. Kapitel:
Vorsorgen – warum?
Die gesetzliche Vorsorge

1 Die Erbfolge nach dem Gesetz

Die Erbfolge kraft Gesetzes gilt für alle, die – absichtlich oder nicht – keine letztwillige Verfügung getroffen haben oder deren letztwillige Verfügung sich aus welchen Gründen auch immer als unwirksam erweist. In diesen Fällen gilt das **Bürgerliche Gesetzbuch (BGB)**, welches als **Ersatz** für den nicht oder nicht wirksam artikulierten letzten Willen eine Regelung trifft, die oft aber eben nicht in jedem Fall dem entspricht, was von dem oder der Verstorbenen gewollt war.

Auf der anderen Seite bevormundet das Bürgerliche Gesetzbuch die Bürger nicht. Jeder kann also mit einem Testament oder einer letztwilligen Verfügung von der gesetzlichen Erbfolge innerhalb bestimmter Grenzen – etwa des Pflichtteilsrechts – abweichen.

Das gesetzliche Erbrecht gilt auch, wenn der Erbe nicht über sein gesamtes Vermögen, sondern nur über einen **Teil** davon letztwillig verfügt hat.

> **Beispiel:**
>
> Egon verfügt:
>
> *Mein Neffe Norbert erhält die Hälfte meines Nachlasses.*
>
> In diesem Fall erhält Norbert entsprechend der letztwilligen Verfügung die Hälfte des Nachlasses. Über die andere Hälfte (die wohl nicht an den Neffen gehen soll) gibt es keine letztwillige Verfügung; diese wird folglich nach der gesetzlichen Erbfolge verteilt.

1.1 Die gesetzliche Erbfolge der Verwandten

„Das Gut rinnt wie das Blut". Diesem Grundsatz aus dem alten deutschen Recht folgend hat das BGB die Verwandtenerbfolge nach der **Blutsverwandtschaft** angeordnet und nach dem mutmaßlichen Willen des Erblassers eine erste Auswahl und Reihenfolge unter den Verwandten vorgenommen. Zu den Blutsverwandten gehören also alle Personen, die vom Erblasser in irgendeiner Weise **abstammen** (also etwa Kinder, Enkel, Urenkel) oder in der **aufsteigenden Linie** mit ihm verbunden sind – also Eltern, Großeltern, Onkel, Tanten, Neffen, Nichten usw. Den Verwandten gleichgestellt sind die adoptierten Kinder.

> **Beispiel:**
>
> Erika ist vermögend und erzieht ihre drei Kinder alleine. Als sie schwer krank wird, gibt sie das jüngste Kind zur Adoption an ihre in bescheidenen finanziellen Verhältnissen lebende verheiratete Schwester frei. Erika stirbt. Gehört ihr drittes, von der Schwester adoptiertes Kind, zu den gesetzlichen Erben, wie die Adoptiveltern meinen?
>
> Nein, mit der Adoption ist das dritte Kind rechtlich nicht mehr mit Erika, sondern mit deren Schwester und ihrem Mann verwandt. Das dritte Kind ist also nicht gesetzlicher Erbe von Erika geworden. In diesem Fall hätte ein Testament geholfen.

Nicht zur Verwandtenerbfolge gehört der **Ehegatte** oder dessen Verwandte, weil der Ehegatte ja mit dem Erblasser nicht **blutsverwandt** ist. Dem Ehegatten ist ein eigenes gesetzliches Erbrecht eingeräumt. Dennoch kann es passieren, daß eine nicht zur (Bluts-) Verwandtschaft gehörende Person kraft gesetzlicher Erbfolge schließlich in den Besitz des Nachlasses gelangt.

Die Erbfolge nach dem Gesetz

> **Beispiel:**
>
> Egon bewirtschaftet in siebenter Generation das traditionsreiche Gasthaus „Zum Engel". Mit seinem Tode hinterläßt er lediglich seinen Sohn Thomas und einen Neffen, die beide in der Gastronomie tätig sind. Mit seiner Schwiegertochter und deren Verwandtschaft ist der Erblasser zu Lebzeiten nie gut ausgekommen. Kurz nach dem Tod von Egon kommt auch Thomas bei einem Verkehrsunfall ums Leben. Kann nun der Neffe von Egon das traditionsreiche Gasthaus fortführen?
>
> Nein, die verhaßte Schwiegertochter ist als gesetzliche Alleinerbin nach Thomas – der Egon zuvor beerbte – Eigentümerin des Gasthauses geworden. Egon hätte zur Vermeidung dieses unerwünschten Ergebnisses ein Testament (Stichwort: Vor- und Nacherbfolge) errichten müssen.

1.1.1 Die Verwandten der 1. Ordnung

Die Abkömmlinge des Erblassers, also seine Kinder, Enkel, Urenkel usw., mögen sie aus verschiedenen oder geschiedenen Ehen stammen, ehelich oder nichtehelich sein, bilden die gesetzlichen Erben der 1. Ordnung. Die **nichtehelichen Kinder** haben jedoch anstelle ihres gesetzlichen Erbteils einen **Anspruch** gegen den Erben **auf Zahlung einer Geldsumme** entsprechend ihres gesetzlichen Erbteils, bilden also mit den ehelichen Kindern keine Erbengemeinschaft.

Der Gesetzgeber wollte damit verhindern, daß es zwischen den ehelichen und nichtehelichen Abkömmlingen zum Streit bei der Verteilung und Auseinandersetzung der Erbschaft kommt. Darüber hinaus kann das nichteheliche Kind im Gegensatz zu den ehelichen Kindern einen vorzeitigen Erbausgleich verlangen. Gegenwärtig befindet sich jedoch ein **Gesetzesentwurf** zur Gleichstellung des nichtehelichen Kindes im Rechtsausschuß des Bundestages. Wenn diese Neuregelung kommt, werden nichteheliche Kinder künftig erbrechtlich den ehelichen Kindern gleichgestellt, bilden mit diesen also die Erben 1. Ordnung.

Mehrere lebende Kinder erben nach **Kopfteilen**.

> **Beispiel:**
>
> Der Witwer Egon hinterläßt 3 Kinder. Jedes Kind erbt ⅓ des Nachlasses.

Leben zur Zeit des Erbfalls nicht mehr alle Kinder, aber leben statt dessen die Enkel, so gelten die Grundsätze der sogenannten **Repräsentation**, des **Eintrittsrechts** und des **Stamm- und Liniensystems**.

> **Beispiel:**
>
> Erblasser Egon hinterläßt einen Sohn Siegfried mit dessen drei Kindern (= Enkel des Egon), während seine Tochter Thea bei einem Verkehrsunfall bereits vor fünf Jahren gestorben ist. Theas Kinder, Franz und Karl, leben noch.
>
> Nach dem Grundsatz der **Repräsentation** ist einmal Siegfried gesetzlicher Erbe geworden, nicht jedoch dessen drei Kinder. Diese drei Kinder des Siegfried und Enkelkinder von Egon werden also von Siegfried repräsentiert oder vertreten und sind von der gesetzlichen Erbfolge ausgeschlossen (sofern Siegfried beim Erbfall noch lebt).

Die Erbfolge nach dem Gesetz

> **Vorsorgen!**
> Bei der gesetzlichen Erbfolge der 1. Ordnung, also dem Erbrecht der Abkömmlinge, empfehle ich in folgenden Fällen ein Testament zu errichten oder eine andere Maßnahme zur Vermögensgestaltung zu treffen:
> - Eines von mehreren Kindern soll begünstigt werden;
> - Ein zur gesetzlichen Erbfolge berufener Sohn oder Enkel, eine Tochter oder eine Enkelin soll nicht zur Erbschaft berufen sein oder nicht den gesamten gesetzlichen Erbteil bekommen;
> - Jemand – der durch die gesetzliche Erbfolge verdrängt wird (Repräsentation) soll dennoch begünstigt werden, also etwa ein Enkel, obwohl der Sohn noch lebt;
> - Ein (für einen vor dem Erbfall weggefallenen Abkömmling) **eintretender** gesetzlicher Erbe soll nicht erben, also wenn ein unliebsamer Enkel anstelle des bereits verstorbenen Sohnes benachteiligt werden soll.

1.1.2 Die Eltern und deren Abkömmlinge (gesetzliche Erben 2. Ordnung)

Die Eltern des Erblassers und deren Kinder (= Brüder oder Schwestern des Erblassers) bilden dann die gesetzlichen Erben, wenn es keine Verwandten der eben behandelten ersten Erbordnung gibt oder wenn diese zum Beispiel durch Erbverzicht oder -ausschlagung weggefallen sind. Ist also ein Kind vorhanden, erhalten die gesetzlichen Erben der 2. Ordnung, also etwa der Bruder des Erblassers (= Abkömmling der Eltern) oder dessen Kinder kraft gesetzlicher Erbfolge nichts.

Die Eltern erben jedoch allein und zu gleichen Teilen, wenn kein gesetzlicher Erbe der 1. Ordnung vorhanden ist. Ist ein Elternteil verstorben oder erbrechtlich weggefallen und sind auch keine Abkömmlinge vorhanden, so erbt der überlebende Elternteil alleine. Die Eltern und Geschwister, auch die weiter entfernten Neffen und Cousinen des Erblassers kommen aber erbrechtlich nur zum Zug, wenn Erben der 1. Ordnung nicht vorhanden sind (Kinder oder Enkel).

Ist ein Elternteil verstorben, so treten anstelle des Verstorbenen dessen Abkömmlinge (also Geschwister). Hierbei schließen die näher verwandten die entfernteren Abkömmlinge aus. Mehrere gleich nahe verwandte Abkömmlinge erben ebenfalls zu gleichen Teilen.

Beispiel:

Egon verstirbt ohne Frau und Kinder, hinterläßt nur einen Vater und zwei Schwestern.

Der Vater erbt ½, die andere Hälfte der mütterlichen Linie haben sich die beiden Schwestern mit je ¼ zu teilen.

Die zweite Erbordnung regelt folglich das gesetzliche Erbrecht der ledigen und kinderlos gebliebenen Erblasser; für diesen Personenkreis stellt sich stets die Frage nach einer letztwilligen Verfügung.

Vorsorgen!

Der ältere alleinstehende Erblasser, dessen Eltern bereits sehr betagt oder schon verstorben sind, steht also stets vor der Frage, ob er sich der gesetzlichen Erbfolge beugen soll und seinen Nachlaß seinen ebenfalls betagten Brüdern oder Schwestern, den Neffen und Nichten oder gar weiter entfernten Verwandten hinterlassen will. Diese Rechtsfolge kann er nur durch eine letztwillige Verfügung verhindern.

1.1.3 Die Großeltern und deren Abkömmlinge (gesetzliche Erben 3. Ordnung) sowie die ferneren Ordnungen

Die Großeltern und deren Abkömmlinge bilden die Erben der 3. Ordnung. Auch sie gelangen zur gesetzlichen Erbfolge, wenn kein Verwandter der 1. oder 2. Ordnung erbberechtigt ist.

Die Urgroßeltern und deren Abkömmlinge sind die Erben der 4. Ordnung, die entfernteren Voreltern bilden die Abkömmlinge der **ferneren** Ordnungen.

Einleuchtend ist zunächst, daß die Erbschaft, die an die Kinder fällt oder auch an die Erben der 2. Ordnung geht, nur wenig geteilt wird. Hier erhält je nach Größe der Erbengemeinschaft ein Erbe vielleicht ¼, ⅑ oder vielleicht auch nur 1/14. Je ferner die Ordnung der Erben ist, desto kleiner wird in aller Regel der Anteil der Erbschaft, den der einzelne Erbe erwarten darf. Es kann hier leicht zu einem **Mini**-Anteil – etwa 1/196 – Anteil oder einem noch kleineren Anteil – kommen. Der Nachlaß gerät also in die Gefahr, **zersplittert** zu werden.

Geht jedoch ein Familienbetrieb oder ein Haus an 196 Personen, so dürfte klar sein, daß die Fortsetzung des Betriebes oder eine gemeinsame Verwaltung des Hauses ausgeschlossen ist. Die Erbengemeinschaft wird also verkaufen und den Erlös, sofern davon angesichts der nicht geringen Kosten für das Aufsuchen der zahlreichen Personen, zu dem das Nachlaßgericht verpflichtet ist, noch etwas übrig ist, verteilen.

> **Vorsorgen!**
> Im Hinblick auf unsere Ausgangsfrage kann ich daher jedem empfehlen, der keine Verwandten der 1. oder 2. Ordnung hat, über sein Vermögen eine letztwillige Verfügung zu treffen. Diese Empfehlung ist umso dringender an diejenigen gerichtet, die ihr Vermögen, also etwa ein Geschäft, einen Handwerksbetrieb, eine traditionsreiche Gaststätte oder einen Immobilienbesitz – in der Gesamtheit erhalten wollen.

1.2 Das Erbrecht der Ehegatten

Die bessere Hälfte – ob Gatte oder Gattin – ist mit dem Erblasser nicht verwandt und nach den Erbrechtsbestimmungen, die dem Grundsatz der Blutsverwandtschaft folgen, nicht Erbe. Weil ein derartiges Ergebnis wohl kaum im Sinne des Erblassers wäre, hat der Gesetzgeber dem Ehegatten ein **eigenes Erbrecht** eingeräumt. Der Ehegatte ist also neben dem Blutsverwandten stets ein weiterer **gesetzlicher Erbe**.

1.2.1 Die rechtsgültige Ehe

Selbstverständliche Voraussetzung des gesetzlichen Erbrechts der Ehegatten ist, daß die Ehe zur Zeit des Erbfalls **rechtsgültig** besteht. Dabei kommt es nicht darauf an, ob sich die Eheleute zu Lebzeiten gut oder schlecht vertragen haben, ob sie noch zusammen wohnten oder getrennt lebten. Solange die Ehe nicht rechtskräftig geschieden ist, besteht das gesetzliche Erbrecht der Ehegatten fort. Das gesetzliche Ehegattenerbrecht stellt nur auf den **Trauschein**, also das rechtlich **formale Band** der Ehe und nicht auf die tatsächlichen Verhältnisse ab. Gemäß § 1933 BGB ist das Ehegattenerbrecht allerdings dann ausgeschlossen, wenn der Erblasser zur Zeit des Todes die Scheidung beantragt oder ihr zugestimmt hat und die tatsächlichen Voraussetzungen einer Scheidung vorgelegen haben.

Nicht selten ist folgendes Beispiel, das in der Praxis oft zu ungewollten Ergebnissen führt.

Beispiel:

Der Ehemann ist vor 5 Jahren aus der ehelichen Wohnung ausgezogen und hat seine Frau mit den beiden ehelichen Kindern zurückgelassen. Die Ehefrau ist die alleinige Eigentümerin des von der Familie bewohnten Hauses. Ein Scheidungsantrag wurde – wegen Kirche, Verwandtschaft, Kinder usw. –

> nicht gestellt, obwohl beide Seiten wußten, daß die Ehe nicht mehr fortgeführt werden kann.
> Sollte die Ehefrau nun sterben, ist der bereits seit längerer Zeit ausgezogene Ehemann neben den Kindern gesetzlicher Erbe zu ½ geworden und bekommt das halbe Haus, vorausgesetzt, die Eheleute lebten im gesetzlichen Güterstand der Zugewinngemeinschaft (dazu sogleich).

Dieses unbillige Ergebnis kann nur durch ein Testament oder eine sonstige letztwillige Verfügung verhindert werden, wenn sich die Eheleute nicht doch dazu entschließen wollen, der gescheiterten Ehe Rechnung zu tragen und sich scheiden zu lassen.

> **Vorsorgen!**
> In allen Fällen des Getrenntlebens von Eheleuten, ohne daß eine Scheidung gewollt oder ein Scheidungsverfahren bei Gericht anhängig ist, muß die Frage eines Testaments oder einer sonstigen letztwilligen Verfügung ernsthaft überlegt werden. Dies gilt um so mehr, wenn Kinder vorhanden sind und der getrenntlebende Ehegatte mit den Kindern nach dem Tod des Erblassers eine Erbengemeinschaft bilden würde. Ohne eine erbrechtliche Vorsorge führt das gesetzliche Ehegattenerbrecht, welches eine Ehe voraussetzt, häufig zu ungewollten Ergebnissen.

1.2.2 Die nichteheliche Lebensgemeinschaft

Ein gesetzliches Erbrecht der Partner einer nichtehelichen Lebensgemeinschaft existiert nicht. Wie eben dargelegt, ist das gesetzliche Erbrecht der Ehegatten von der Rechtsgültigkeit der (formalen) Ehe abhängig. Die Partner der heutzutage sehr häufig anzutreffenden Form des nichtehelichen Zusammenlebens müssen wissen, daß ihnen der Staat **kein gesetzliches Erbrecht** zugewiesen hat. Sie sind in aller Regel nicht blutsverwandt und deshalb nicht Erben der oben dargestellten Verwandtenerbfolge geworden, noch sind sie wegen des fehlenden Ehebandes als Ehegatten erbberechtigt.

Im Todesfall also erben die Verwandten auch der entferntesten Ordnungen, möglicherweise auch der nicht geschiedene aber getrenntlebende Ehegatte (!) nach den gesetzlichen Vorschriften. Der nichteheliche Lebenspartner geht leer aus, wenn erbrechtlich nicht vorgesorgt worden ist.

Vorsorgen!

Für Partner einer nichtehelichen Lebensgemeinschaft empfehle ich daher stets, eine letztwillige Verfügung zu errichten und durch geeignete lebzeitige Maßnahmen eine ausreichende Vermögensvorsorge für den Fall des Todes zu treffen. Auch sollte stets bedacht und mit einer entsprechenden Regelung berücksichtigt werden, daß der nichteheliche Lebenspartner unterstützungs- und pflegebedürftig werden kann oder eine solche Hilfe erbringt.

1.2.3 Die Größe des Ehegattenerbteils

Fraglich ist nun die Höhe des Erbteils, den ein Ehegatte erhält. Wieviel der Ehegatte bekommt, hängt davon ab, in welchem **Güterstand** sich die Eheleute zu Lebzeiten befunden haben und wer von den Verwandten neben dem Ehegatten zur Erbfolge berufen ist.

Zugewinngemeinschaft

Das gesetzliche Erbrecht des in der Zugewinngemeinschaft lebenden Ehegatte beträgt

- neben den Verwandten der ersten Ordnung (also Kinder oder Enkelkinder) ½; diese Hälfte setzt sich aus ¼ gesetzlichem Erbteil und ¼ Zugewinnanteil zusammen.

Die Erbfolge nach dem Gesetz

- neben den Verwandten der zweiten Ordnung (also Eltern, Geschwistern) und neben den Großeltern ¾ (¾ = ½ gesetzlicher Erbteil + ¼ Zugewinnanteil).

- Sind weder Verwandte der ersten oder zweiten Ordnung noch Großeltern, sondern nur die Abkömmlinge der Großeltern vorhanden, erbt der Ehegatte **alleine**.

Wer befindet sich im **gesetzlichen Güterstand der Zugewinngemeinschaft** ?

Im gesetzlichen Güterstand der Zugewinngemeinschaft befinden sich alle Eheleute, die nicht irgendwann einmal in ihrem Eheleben vor einem Notar diesen Güterstand der Zugewinngemeinschaft in einem Ehevertrag ausgeschlossen haben. Weil dies nicht allzuoft passiert, ist die Zugewinngemeinschaft der allgemein verbreitete Güterstand.

Die Zugewinngemeinschaft bedeutet: Während der Ehe bleiben das Vermögen von Mann und Frau getrennt. Auch das während der Ehe erworbene Vermögen verbleibt in der Ehezeit beim Erwerber. Der Zugewinn, den die Ehegatten in der Ehe erzielen, wird nur dann ausgeglichen, wenn die Zugewinngemeinschaft endet (§ 1363 BGB). Wird der Güterstand durch den Tod eines Ehegatten beendet, so wird der Ausgleich des Zugewinns dadurch verwirklicht, daß sich der gesetzliche Erbteil des überlebenden Ehegatten um ¼ der Erbschaft erhöht; hierbei ist unerheblich, ob die Ehegatten im einzelnen Fall tatsächlich einen Zugewinn erzielt haben (§ 1371 BGB).

Beispiel:

Egon erzielt als Immobilienmakler erhebliche Einkünfte, während seine Ehefrau zuhause die drei Kinder versorgt. Die Einkünfte gehören Egon, und nicht seiner Ehefrau.

Wird dieser Güterstand beendet, z.B. durch Scheidung der Ehe oder durch Vereinbarung eines anderen Güterstandes, muß der Zugewinn, den jeder Ehegatte erzielt hat, also der

> Unterschied zwischen dem Vermögen zum **Beginn** und zum **Ende** des Güterstandes eines Ehegatten, ausgeglichen werden.
>
> Hat Egon kein Anfangsvermögen – bei einem Endvermögen von 1 Mio. DM – und hat seine Ehefrau anfangs 200.000,– DM und am Ende der Ehe 220.000,– DM, sieht die Rechnung wie folgt aus:
>
> Zugewinn Egon: 1.000.000,– DM (1.000.000,– DM ./. 0 DM)
> Zugewinn Ehefrau: 20.000,– DM (220.000,– DM ./. 200.000,– DM)
>
> Bei Scheidung der Ehe, also bei Beendigung des Güterstandes, muß Egon die Hälfte seines Zugewinns (1.000.000,– DM ./. 20.000,– DM = 980.000,– DM), der über den Zugewinn seiner Ehefrau hinausgeht = 490.000,– DM (980.000,– DM : 2) an seine Ehefrau zahlen.

Wird die Zugewinngemeinschaft durch den Tod eines Ehegatten beendet, liegt es am überlebenden Ehegatten, ob ein Zugewinnausgleich, wie eben dargestellt, durchgeführt werden muß oder ob sich der Ehegatte für das vorbezeichnete Zugewinn-Viertel entscheidet.

Der Überlebende hat also ein Wahlrecht: Er kann sich für die oben beschriebene **eherechtliche Lösung** entscheiden oder für die **erbrechtliche Lösung**: In diesem Fall erhält der Ehegatte z. B. neben den Kindern zu ¼ ein weiteres ¼ als gedachten Zugewinnausgleich, also wie bereits oben dargestellt ½ (sogenannter **großer Erbteil**). Dieses Viertel erhält der Überlebende auch, wenn der Verstorbene überhaupt keinen Zugewinn erzielt hat, der Überlebende also im Falle der Ehescheidung nichts bekommen hätte.

Oder er wählt die **güterrechtliche Lösung**: In diesem Fall schlägt der überlebende Ehegatte die Erbschaft aus und verlangt den Zugewinnausgleich. Ihm steht wegen seiner Ausschlagung nur noch ein Pflichtteilsanspruch zu, der ½ des nichterhöhten Erbteils, also ⅛ ausmacht (kleiner Pflichtteil), wenn gleichzeitig erbberechtigte Kinder vorhanden sind.

Die Erbfolge nach dem Gesetz

Was sollen die Eheleute tun?

Die in der Zugewinngemeinschaft lebenden Eheleute müssen sich fragen, ob die gesetzliche Erbfolge zu ihren persönlichen Verhältnissen auch paßt. Das ist nur selten der Fall. Wie wir gesehen haben, erhält der überlebende Ehegatte neben den Kindern stets die Hälfte des Nachlasses, die sich aus ¼ gesetzlichem Erbteil und ¼ gedachtem Zugewinnausgleich zusammensetzt. Der überlebende Ehegatte erhält also das Zugewinnviertel selbst dann, wenn der Verstorbene gar keinen Zugewinn während der Ehe gemacht hat oder noch erstaunlicher, wenn der Zugewinn beim überlebenden Ehegatten erzielt worden ist.

Beispiel:

Der Ehemann konnte während der Ehe sein Vermögen von 1 Mio. DM erwerben. Die Ehefrau besaß zu Beginn der Ehe 200.000,- DM, konnte ihr Vermögen aber nur um 20.000,- DM vermehren, da sie ihre 5 Kinder großgezogen hat. Wenn die Ehefrau stirbt, erhält der Ehemann ½ (also ¼ + ¼ Zugewinn = 110.000,- DM) und die Kinder je ¹⁄₁₀ (22.000,- DM x 5), obwohl der Ehemann bei Scheidung der Ehe von seiner Ehefrau keinen Zugewinnausgleich bekommen hätte. Er hätte vielmehr seinen eigenen Zugewinn seiner Ehefrau gegenüber (490.000,- DM) ausgleichen müssen.

In diesen Fällen paßt die gesetzliche Erbfolge also nicht. Durch ein Testament hätten die Kinder bessergestellt werden können, zumal der vermögende Ehemann im vorliegenden Beispiel nicht als bedürftig angesehen werden kann.

Die Eheleute sollten sich also in Ruhe überlegen, wer welches Anfangsvermögen zu Beginn der Ehe besaß. Sinnvoll ist es auch, ein Vermögensverzeichnis über den Bestand des Anfangsvermögens anzulegen. Danach wäre das zu einem bestimmten Zeitpunkt gedachte Endvermögen zu schätzen und zu fragen, wer einen Zugewinn erzielen würde.

> **Vorsorgen!**
>
> Als Faustregel kann gelten:
>
> Das gesetzliche Ehegattenerbrecht der Zugewinngemeinschaft paßt eigentlich nur in den Fällen, in denen der Überlebende von seinem verstorbenen Ehegatten einen Zugewinnausgleich hätte verlangen können. Es ist weiter sinnvoll, wenn der überlebende Ehegatte nicht etwa durch eigene Rentenansprüche, Versicherungen, oder ein eigenes Vermögen abgesichert ist.
>
> In allen anderen Fällen paßt es weniger gut. Weil man aber nicht vorhersehen kann, welcher Ehegatte zuerst stirbt, sollten zufällige Ergebnisse vermieden werden. Helfen kann ein Testament – insbesondere das gemeinschaftliche Testament – oder eine andere Maßnahme zur Ordnung des Nachlasses.

Gütertrennung

Haben die Eheleute Gütertrennung vereinbart, erhält der Ehegatte neben

- einem Kind = ½ Erbteil,
- zwei Kindern = ⅓ Erbteil,
- drei und mehr Kindern = ¼ (die Kinder erhalten zusammen ¾ und dem Ehegatten verbleibt mindestens ¼).

Das Ehegattenerbrecht und das gesetzliche Erbrecht der Kinder ist also gleich groß, wenn nur 1 oder 2 Kinder vorhanden sind. Sind es mehr, steht dem Ehegatten jedenfalls ¼ ungeschmälert zu.

Gütergemeinschaft

Vom Nachlaß, bestehend aus Sondergut, Vorbehaltsgut und Anteil des Erblassers am Gesamtgut, erhält der Ehegatte nach der Grundregel des § 1931 BGB neben den Kindern = ¼; den Eltern, Geschwistern, Großeltern und deren Abkömmlingen = ½. Sind weder Verwandte der ersten oder zweiten Erbordnung vorhanden, erbt der Ehegatte alleine.

Die Erbfolge nach dem Gesetz

Neben der dargestellten Beteiligung am Nachlaß des Erblassers steht dem überlebenden Ehegatten jedoch schon nach dem Güterrecht ½ Anteil am Gesamtanteil zu. Im Ergebnis bekommt der Ehegatte also ½ der Gesamtguthälfte (eigener Anteil des überlebenden Ehegatten am Gesamtgut) + ¼ der Gesamtgutshälfte (Anteil des Erblassers) = ⅛, also zusammen ⅝ des Nachlasses; die Kinder erhalten als gesetzliche Erben ¾ an der Gesamtgutshälfte des Erblassers, also insgesamt ⅜ des Nachlasses.

1.2.4 Der Voraus

Der Voraus gibt dem überlebenden Ehegatten das Recht auf die Sachen und Rechte, die dem gemeinschaftlichen Haushalt gedient haben. Hierher gehören: Haushaltsgegenstände, Andenken, Teppiche, Möbel, Bücher, Bilder und auch der Familien-PKW. Der Ehegatte erhält den Voraus nur bei der **gesetzlichen** Erbfolge; er darf also nicht durch ein Testament Erbe geworden sein. Hinterläßt der Erblasser neben dem Ehegatten auch Kinder, so hat der überlebende Ehegatte auf diese Gegenstände allerdings nur einen Anspruch, soweit er sie zur Führung eines angemessenen Haushalts benötigt.

1.3 Die Erbengemeinschaft

Das Bürgerliche Gesetzbuch behandelt die Erbfolge eines einzelnen Erben als Regelfall und die Mehrheit von Erben, nämlich die sogenannte **Erbengemeinschaft** als Ausnahme.

In der Praxis kommt es jedoch häufiger vor, daß ein Erblasser von verschiedenen und nicht nur von einem einzelnen Erben beerbt wird, also etwa die aus Kindern, Enkeln und dem Ehegatten bestehende Familie. Der Vorsorgende hat also neben der Frage „**wer soll was bekommen?**" stets auch zu beachten, ob

- die aus mehreren Personen bestehende Erbengemeinschaft harmoniert,
- die Dauer der Erbengemeinschaft bestimmt werden soll, etwa durch einen zeitlichen Ausschluß der Auseinandersetzung oder

- Regeln für die Auseinandersetzung im Sinne einer Teilungsanordnung oder eines Vorausvermächtnisses (vgl. unten) angeordnet werden sollen.

Stets hat der Erblasser zu berücksichtigen, daß er zu seinen Lebzeiten die **Klammer** sein kann, welche die Familie zusammenhält. Vor allem bei einer aus Kindern bestehenden Erbengemeinschaft kann es leicht vorkommen, daß mit dem Tod des Vaters alte Streitigkeiten und Eifersüchteleien Anlaß dafür sind, daß sich die Mitglieder über den Wert ihrer Erbanteile, die vermachten Gegenstände, die Auseinandersetzung der Erbengemeinschaft oder die beabsichtigte Fortsetzung des Betriebes in ungeteilter Erbengemeinschaft heftig in die Haare bekommen.

Vorsorgen!

Der Erblasser sollte neben der Frage „wer nach seinem Tode was bekommen soll" stets auch überlegen, ob die aus den Miterben gebildete Erbengemeinschaft harmoniert und zur sachlichen Auseinandersetzung oder Verwaltung des Nachlasses in der Lage ist.

Mit einer letztwilligen Verfügung hat es der Erblasser in der Hand, den Kreis der Miterben zu bestimmen, also bestimmte Personen von der Erbschaft auszuschließen oder einzubeziehen. Will der Vorsorgende eine Erbengemeinschaft vollständig vermeiden, kann er eine Vertrauensperson zu seinem Alleinerben und die übrigen Personen, die eine Zuwendung erhalten sollen, zu Lebzeiten im Wege der vorweggenommenen Erbfolge (z.B. mit einer Lebensversicherung) oder letztwillig durch ein Vermächtnis bedenken.

1.3.1 Gesamthandsgemeinschaft

Mit dem Tode einer Person geht dessen Vermögen **als Ganzes** auf eine oder mehrere Personen über (§ 1922 BGB). Die Miterben

Die Erbfolge nach dem Gesetz

erlangen den Nachlaß also ganz und gemeinschaftlich. Einem einzelnen Miterben steht deshalb nicht ein einzelner Bruchteil am Nachlaß zu, mit dem er unabhängig von den anderen Miterben tun und lassen kann, was er will. Vielmehr gehört ihm jeder Nachlaßgegenstand (nur) gemeinschaftlich zusammen mit den anderen Miterben, also zur **gesamten Hand**.

Diese gesamthänderische Bindung hat zur Folge, daß kein Miteigentümer über einen gemeinschaftlichen Gegenstand des Nachlasses alleine, ohne Zustimmung der übrigen Miterben, verfügen kann. Ein einzelner Miterbe kann sich also nicht selbst bedienen, indem er von einem im Nachlaß befindlichen Sparbuch einen seinem Erbteil entsprechenden Geldbetrag abhebt. Dies ist dem betreffenden Erben selbst dann verboten, wenn der Erblasser etwa durch eine Teilungsanordnung festgelegt hat, daß ein einzelner Miterbe einen bestimmten Gegenstand – etwa ein Grundstück oder ein Sparbuch (Forderung gegenüber der Bank) erhalten soll.

Beispiel

Der Witwer Erich hinterläßt nach seinem Tode zwei Töchter, Karin und Beate. In einem Testament hat der Erblasser die gesetzliche Erbfolge nicht geändert, aber in Form einer Teilungsanordnung bestimmt, daß Karin das Hausgrundstück und Beate die Daimler-Benz-Aktien erhalten soll.

Nach dem Tod von Erich werden zunächst Karin und Beate, die Gesamthandseigentümer des Hausgrundstücks geworden sind, als **Miteigentümer** in **ungeteilter Erbengemeinschaft** in das Grundbuch eingetragen. Die testamentarische Anordnung von Erich gibt Karin gegen die Erbengemeinschaft jedoch einen sogenannten schuldrechtlichen Anspruch auf Übertragung des Hausgrundstücks. Die Erbengemeinschaft, bestehend aus Karin und Beate, muß folglich das Hausgrundstück durch einen Übertragungsvertrag auf Karin übertragen; vergleichbares gilt für das Aktienpaket.

1.3.2 Übertragung eines Anteils

Weil die Zusammensetzung einer Erbengemeinschaft für die einzelnen Miterben schicksalshaft ist und nicht auf einem freien Willensentschluß von Gründungsmitgliedern beruht (wie etwa bei der Gesellschaft), gewährt das Gesetz jedem Miterben das Recht, seinen Miterbenanteil im Ganzen oder einen Bruchteil hiervon an einen anderen zu übertragen.

Ein derartiger Übertragungsvertrag bedarf der **notariellen Beurkundung**. Besteht der Nachlaß im wesentlichen aus einem **land- oder forstwirtschaftlichen Betrieb** und soll der Miteigentumsanteil an einen Außenstehenden übertragen werden, muß eine Genehmigung auch nach dem Grundstücksverkehrsgesetz (GrdstVG) eingeholt werden.

Wenn ein Miterbe durch Übertragung seines Miterbenanteils an einen Dritten die Erbengemeinschaft verlassen will – rechtstechnisch bleibt er Miterbe, der Übernehmer wird Gesamthänder – können die übrigen Miterben von einem zu ihren Gunsten bestehenden **Vorkaufsrecht** Gebrauch machen. Innerhalb einer **Frist von 2 Monaten** muß dieses Vorkaufsrecht ausgeübt werden. In diesem Fall tritt der ausübende Miterbe an die Stelle des ursprünglichen Übernehmers; die übrigen Konditionen des Übertragungsvertrags bleiben jedoch unberührt. Mit diesem selbst vererblichen Vorkaufsrecht gibt das Gesetz der Erbengemeinschaft die Möglichkeit, Außenstehenden den Zutritt in eine bestehende Erbengemeinschaft zu verwehren.

1.3.3 Die Verwaltung

Der ungeteilte Nachlaß wird von den Miterben **gemeinschaftlich** verwaltet. Das heißt: Jeder Miterbe muß an der ordnungsgemäßen Verwaltung mitwirken, also den Nachlaß **erhalten und mehren**. Je nach Art der Verwaltungsmaßnahme kommen unterschiedliche Entscheidungen und Mehrheitsverhältnisse der Erben in Betracht:

Die Erbfolge nach dem Gesetz

- **Einstimmigkeit**
  der Miterben ist erforderlich bei den sogenannten gewöhnlichen Verwaltungsmaßnahmen des Nachlasses; ist ein Testamentsvollstrecker oder ein Bevollmächtigter vorhanden, bedarf es der Einstimmigkeit nicht.

- **Mehrheitsentscheidungen**
  der Miterbengemeinschaft genügen bei allen Maßnahmen der **ordnungsgemäßen Verwaltung**, also etwa Abschluß von Mietverträgen (nicht jedoch die **Kündigung** eines Mietvertrages, die eine **einstimmig** zu treffende Verfügung ist). Das Stimmrecht des einzelnen Miterben richtet sich nach der Größe seines Miterbenanteils.

- **Die Alleinentscheidung**
  eines einzelnen Miterben genügt im Falle von **notwendigen wie dringenden Erhaltungsmaßnahmen** eines Nachlaßgegenstandes. Der Miterbe braucht also nicht zuzusehen, wie der durch ein kaputtes Dach eindringende Regen das Haus ruiniert, weil sich die Miterben nicht auf den richtigen Dachdecker verständigen können.

> Vorsorgen!
>
> Die Verwaltung der Erbengemeinschaft ist oft nicht leicht und bildet für die Miterben sehr häufig einen reichhaltigen Konfliktstoff. Gerade was die Verwaltung von **Immobilien** anbelangt, gibt es oft nicht eine einzige richtige Entscheidung. Derartige Meinungsunterschiede und Entscheidungsprobleme kann der Erblasser leicht dadurch vermeiden, daß er eine Vertrauensperson zu seinem Testamentsvollstrecker einsetzt und etwa für eine gewisse Zeit eine **Dauervollstreckung** anordnet.

Die **Früchte** des Nachlasses, also etwa **Zinsen, Dividenden** oder **Mieterträge** eines in den Nachlaß fallenden Hausgrundstücks, stehen den Miterben im Verhältnis ihrer Erbteile zu. Auch diese

Früchte sind gesamthänderisch gebunden. Geteilt wird erst bei der Auseinandersetzung der Erbengemeinschaft; nur bei Einigung können sich die Miterben Abschlagszahlungen gewähren.

1.3.4 Haftung

Weil auf die Erbengemeinschaft nicht nur die aktiven Vermögenswerte, sondern auch die Schulden des Erblassers übergehen, stellt sich die Frage der **Haftung** der Erben und der Erbengemeinschaft. Selbstverständlich kann ein Nachlaßgläubiger nur denjenigen zur Zahlung auffordern, der die Erbschaft **angenommen** (also nicht ausgeschlagen) hat. Dem Grundsatz nach haften alle Mitglieder der Erbengemeinschaft als **Gesamtschuldner**, der Gläubiger kann jeden Miterben also alleine auf die ganze Forderung in Anspruch nehmen. Der zahlende Miterbe hat jedoch gegen die übrigen Mitglieder der Erbengemeinschaft einen sogenannten Ausgleichsanspruch.

> **Beispiel:**
>
> Wenn die Bank von einem der aus drei Personen bestehenden Miterbengemeinschaft die Rückzahlung des Darlehensrests in Höhe von 90.000,- DM verlangt, welchen der Erblasser hinterlassen hat, kann der zahlende Miterbe von den übrigen Miterben je ⅓, also 30.000,- DM verlangen. Die Bank kann sich also den liquidesten Miterben heraussuchen.

Allerdings mutet das Gesetz niemandem zu, über den Nachlaß hinaus Schulden zu bezahlen. Wie der Alleinerbe (vgl. 1. Kapitel 2.4, 2.5) kann auch der Miterbe die auszugleichenden Schulden auf den Nachlaß **beschränken**; mit diesem Beschränkungsrecht kann eine Trennung zwischen dem Nachlaß und dem Eigenvermögen der Erben erreicht werden.

Folgende Einreden stehen dem **Miterben** zur Verfügung:

- **bis zur Teilung**
  des Nachlasses kann jeder Miterbe die Berichtigung der Nachlaßverbindlichkeit aus seinem **Eigenvermögen** verweigern. Geschieht dies, muß ein Nachlaßgläubiger sich an den Nachlaß insgesamt halten. Eine private Haftung des einzelnen Miterben ist vermieden.

  Außerdem kann der in Anspruch genommene Miterbe seine sonstigen Haftungsbeschränkungsmöglichkeiten (Nachlaßkonkurs, Dürftigkeitseinrede, Überschuldung oder Erschöpfung des Nachlasses usw.) geltend machen.

  Verweigert der einzelne Miterbe auf diese Weise die Zahlung einer Nachlaßschuld, kann der Gläubiger aber alle Miterben gemeinsam auf den **ungeteilten Nachlaß** in Anspruch nehmen.

- **nach Teilung**
  des Nachlasses haftet jeder Miterbe als Gesamtschuldner für die gesamte Forderung des Nachlaßgläubigers. Ausnahme: die Forderung wird erst 5 Jahre nach dem Erbfall geltend gemacht (vgl. 2.5.3).

  Auch hier hat der leistende Miterbe Ausgleichsansprüche gegenüber den übrigen Miterben.

1.3.5 Auseinandersetzung

Die Erbengemeinschaft ist unabhängig vom Willen der Miterben entstanden und geht ausschließlich auf den letzten Willen des Erblassers zurück. Als Ausgleich für diese Unfreiwilligkeit des Zusammenschlusses erlaubt es das Gesetz jedem Miterben, sich von dieser Zwangsgemeinschaft loszusagen, indem er **sofort** und **ohne Gründe** von den übrigen Miterben die **Auseinandersetzung** verlangen kann. Dieser Anspruch auf Auseinandersetzung kann in folgenden Fällen aufgeschoben oder auch völlig **ausgeschlossen** sein:

- **Vereinbarung** der Erben
  Wie es den Erben unbenommen ist, eine Gesellschaft – etwa eine OHG oder KG – zu gründen, können sie auch die Auseinander-

setzung für eine gewisse Zeit oder für immer ausschließen, von einer Kündigung abhängig machen oder den Auseinandersetzungsverzicht auf einen Teil des Nachlasses (z. B. den Handwerksbetrieb) beschränken. Einstimmigkeit aller Miterben ist erforderlich, niemand darf überstimmt werden.

- **Auseinandersetzungsanordnungen** des Erblassers
  Durch ein Testament kann der Erblasser anordnen, daß die Auseinandersetzung bis zur Höchstdauer von 30 Jahren ausgeschlossen ist.
  Die Miterben können sich über dieses Verbot jedoch **hinwegsetzen**, wenn sie sich darüber einig sind (Einstimmigkeit), daß die Erbengemeinschaft dennoch auseinandergesetzt werden soll.

- **Aufschub**
  Soweit die Erbteile wegen der erwarteten Geburt eines Miterben, einer ausstehenden Entscheidung einer Ehelichkeitserklärung oder Genehmigung einer vom Erblasser zu errichtenden Stiftung noch aussteht, ist die Auseinandersetzung bis zur Behebung der Unbestimmtheit ausgeschlossen (§ 2043 BGB).

Wie kommt es zur Auseinandersetzung der Erbengemeinschaft?

Die Miterben können die Auseinandersetzung der Erbengemeinschaft auf unterschiedlichen Wegen erreichen. Ziel der Auseinandersetzung ist es, die Erbengemeinschaft zu **beenden** und den Nachlaß unter den Miterben **aufzuteilen**:

- Ein Miterbe oder ein Dritter **übernimmt** alle Erbteile
  Für die Übertragung sämtlicher Erbteile auf einen Miterben oder einen Dritten ist ein **notariell beurkundeter Vertrag** (§ 2033 BGB) erforderlich;

- **Auseinandersetzungsvertrag**
  Die Miterben können sich – auch gegen den Willen des Erblassers – durch einen formlosen Vertrag auseinandersetzen, an dem selbstverständlich alle Miterben mitwirken müssen. Der notariellen Beurkung bedarf ein derartiger Vertrag, wenn ein Grundstück zum Nachlaß gehört, welches von der Erbengemeinschaft auf einen Miterben oder Dritten übertragen werden soll.

Die Erbfolge nach dem Gesetz

- **Auseinandersetzung durch den Testamentsvollstrecker**
  Eine Hauptaufgabe des Testamentsvollstreckers kann die Auseinandersetzung der Miterbengemeinschaft sein. Entsprechend den Anordnungen des Erblassers – aus wichtigen Gründen – auch entgegen dessen Willen – vollzieht der Testamentsvollstrecker die Auseinandersetzung.

> **Vorsorgen!**
> Die Bestellung eines in Erbrechtsfragen kundigen Rechtsanwalts als Testamentsvollstrecker kann künftigen Streit über die Auseinandersetzung vermeiden helfen.

- Vermittlung durch das **Nachlaßgericht**
  Die Miterben können sich zur Auseinandersetzung der Erbengemeinschaft auch der **Vermittlung** durch das Nachlaßgericht bedienen. Das Nachlaßgericht kann einen Teilungsplan aber nicht gegen den Willen auch nur eines Miterben durchsetzen. Bei Widerspruch eines einzelnen Miterbens ist das Vermittlungsverfahren gescheitert.

- Auseinandersetzung durch das **Landwirtschaftsgericht**
  Anders als das nur zur Vermittlung berufene Nachlaßgericht kann das Landwirtschaftsgericht einen zum Nachlaß gehörenden **landwirtschaftlichen Betrieb** auch verbindlich einem zur Übernahme bereiten Miterben zuteilen, und zwar gegen den Willen der übrigen Miterben (§ 13 GrdstVG).

- **Auseinandersetzungsklage**
  Als letztes Mittel bleibt Miterben mit widerstreitenden Interessen häufig nur die Auseinandersetzungsklage vor einem ordentlichen Gericht.

> **Vorsorgen!**
> Weit häufiger als bei der Verwaltung der Erbengemeinschaft geraten die Miterben bei der Auseinandersetzung in Streit. Klare Regeln des Erblassers helfen, seinen letzten Willen zu verwirklichen und Streit unter den Hinterbliebenen zu vermeiden. Die Miterben sind häufig nicht zur sachlichen Auseinandersetzung in der Lage, weshalb es sich empfehlen kann, eine außenstehende Vertrauensperson mit der Auseinandersetzung der Erbengemeinschaft zu betrauen.

1.3.6 Nachlaßteilung

Jeder Erbe will gerne erfahren, was ihm aus dem hinterlassenen Vermögen zusteht. Wenn sich die Miterben über die Auseinandersetzung – notfalls durch Richterspruch – geeinigt haben, kommt die eigentliche Aufteilung des Nachlasses, also die **Nachlaßteilung** an die Reihe:

1. Schritt:

Weil eine Teilung etwa eines Gemäldes oder eines Grundstücks nicht möglich, beziehungsweise wirtschaftlich nicht sinnvoll ist, müssen die Gegenstände, die nicht als Ganzes von einem Miterben oder Dritten übernommen werden, liquidiert, also in Geld umgewandelt werden. Gibt es über den freihändigen Verkauf eines Grundstücks unter den Miterben keine Einigung, bleibt nur der Weg über die Teilungsversteigerung. Jeder Miterbe kann beim Versteigerungsgericht (Amtsgericht) zum Zwecke der Aufhebung der Gemeinschaft einen Antrag auf die Teilungsversteigerung stellen. Das Amtsgericht holt ein Verkehrswertgutachten ein, legt die Versteigerungsbedingungen fest und führt den Versteigerungstermin durch.

2. Schritt:

Sind die unteilbaren Vermögensgegenstände „versilbert", können die **Nachlaßverbindlichkeiten** bezahlt werden. Nimmt ein Gläubiger einen Miterben über seinen Anteil persönlich in Anspruch, kann sich der Miterbe der Teilung widersetzen, indem er die **Einrede des ungeteilten Nachlasses** erhebt.

3. Schritt:

Der nach Berichtigung der Nachlaßverbindlichkeiten verbleibende Überschuß gebührt dem Erben nach dem Verhältnis der Erbteile (§ 2047 BGB).

Dies ist die eigentliche **Nachlaßteilung**. Nicht teilbar, sondern im gemeinschaftlichen Eigentum der Erben auch nach der Auseinandersetzung bleiben Schriftstücke, die sich auf persönliche Verhältnisse des Erblassers beziehen, wenn zwischen den Erben keine Einigung zustande kommt.

1.4 Erbunwürdigkeit

Es versteht sich von selbst, daß derjenige, der den Erblasser absichtlich und widerrechtlich getötet hat, nicht auch noch in den Genuß der Erbschaft seines Opfers kommen kann. Mörder und Totschläger sind von Gesetzes wegen erbunwürdig, ohne daß es hierfür einer letztwilligen Verfügung bedarf.

Das Gesetz sieht noch weitere Gründe der Erbunfähigkeit vor, die in der Praxis weit häufiger vorkommen als der eben erwähnte Kriminalfall. Erbunwürdig ist gemäß § 2339 BGB:

- wer den Erblasser vorsätzlich und widerrechtlich getötet oder zu töten versucht oder in einen Zustand versetzt hat, infolge dessen der Erblasser bis zu seinem Tod unfähig war, eine Verfügung von Todes wegen zu errichten oder aufzuheben.

- wer den Erblasser vorsätzlich oder widerrechtlich **gehindert** hat, eine Verfügung von Todes wegen zu errichten oder aufzuheben.

- wer den Erblasser durch **arglistige Täuschung** oder **Drohung** bestimmt hat, eine Verfügung von Todes wegen zu errichten oder aufzuheben.

Die eheliche Untreue ist jedoch nicht mehr ohne weiteres ein Grund der Erbunwürdigkeit. Erbunwürdig ist nur der Ehegatte, der ein fortdauerndes ehewidriges Verhalten verschweigt, obwohl er weiß, daß sein Ehepartner im Vertrauen auf die Beteuerung seiner ehelichen Treue ein Testament zu seinen Gunsten errichtet.

- wer sich in Ansehung einer Verfügung von Todes wegen einer strafbaren **Urkundenfälschung** oder einer sogenannten **Urkundenunterdrückung** schuldig gemacht hat.

Hierher gehören die Fälle, in denen jemand vor oder nach dem Tod des Erblassers z. B. das Datum eines Testaments gefälscht, ein Testament beiseite geschafft oder auch ein aufgefundenes Testament nicht an das Nachlaßgericht übergeben hat.

Die Erbunwürdigkeit eines gesetzlichen oder auch testamentarisch eingesetzten Erben muß also nicht in einem Testament vom Erblasser ausgesprochen werden, wie etwa der Pflichtteilsentzug (vgl. dort). Erforderlich ist jedoch eine **Anfechtungsklage**, die derjenige innerhalb **eines Jahres** nach Kenntnis des Anfechtungsgrundes beim zuständigen Gericht erheben muß, dem der Wegfall des unwürdigen Erben günstig wäre.

> **Beispiel:**
>
> Der Witwer Anton setzt seine einzige Tochter Anna zu seiner Alleinerbin ein und ordnet für seine Nichte Karin ein Geldvermächtnis mit 100.000,- DM an. Anna, ohnehin nach der gesetzlichen Erbfolge Alleinerbin, läßt nach dem Tod ihres Vaters das Testament verschwinden, damit sie Karin die vermachten 100.000,- DM nicht auszahlen muß. In diesem Fall muß Karin innerhalb von einem Jahr, nachdem ihr der Sachverhalt bekannt geworden ist, die Erbunwürdigkeit von Anna mit einer Anfechtungsklage feststellen lassen.

Allen diesen Fällen der Verfälschung oder Unterdrückung des letzten Willens einer Person ist gemeinsam, daß sie mitunter nur schwer bewiesen werden können.

> **Vorsorgen!**
> Damit der wohl häufigste Mißbrauchsfall – Verschwindenlassen eines ungünstigen Testaments durch einen Benachteiligten – vermieden wird, empfehle ich die Hinterlegung des Testaments bei einem Rechtsanwalt oder beim Gericht.

Wird die Erbunwürdigkeit eines Erben durch das Gericht rechtskräftig festgestellt, bewirkt dieses Urteil, daß rückwirkend zum Todestag des Erblassers die Erbfolge eintritt, die bestehen würde, wenn der Erbunwürdige nicht gelebt hätte.

Erbunwürdig kann sich selbstverständlich auch der (nur) Pflichtteilsberechtigte oder ein Vermächtnisnehmer verhalten. Wenn diese Personen das Testament etwa gefälscht oder beseitigt haben, kann ein Begünstigter gegenüber dem Unwürdigen den Vermächtnisanspruch oder den Anspruch auf den Pflichtteil **anfechten**.

Diese **Anfechtungserklärung** muß nicht in Form einer Klage dem Unwürdigen zugestellt werden. Eine schriftliche Erklärung genügt, damit der Anspruch des Pflichtteilsberechtigten oder des Vermächtnisnehmers rückwirkend beseitigt wird.

> **Beispiel:**
> Hätte sich im vorigen Beispiel Karin erbunwürdig verhalten, etwa weil sie das Testament aufgefunden und den Betrag des ihr zugewandten Vermächtnisses von 100 TDM auf 199 TDM „korrigiert" hätte, müßte Anna das Vermächtnis gegen Karin anfechten.

2 Die Erbschaft

2.1 Gesamtrechtsnachfolge

Mit dem Tode einer Person (Erbfall) geht deren Vermögen (Erbschaft) als **Ganzes** auf eine oder mehrere andere Personen (Erben) über (§ 1922 BGB).

Mit diesem Grundsatz der Gesamtrechtsnachfolge ist gemeint, daß auf die Erben das **gesamte Vermögen** übergeht, welches dem Erblasser zu Lebzeiten gehört hat. Zum einen findet von Gesetzes wegen also keine Aufteilung statt, wonach einzelne Miterben einzelne Nachlaßgegenstände erwerben, etwa die Ehefrau das Haus und die Kinder das Geldvermögen, selbst wenn Haus und Geld nach ihrem Wert dem jeweiligen Erbteil entsprechen würden. Vielmehr geht die Erbschaft als **Ganzes** auf die Erben über, die sich bei der Auseinandersetzung der Erbengemeinschaft darüber verständigen müssen, wer den Picasso, das Sparbuch der Volksbank oder die Briefmarkensammlung erhalten soll. Nicht möglich wäre die testamentarische Anordnung im folgenden

---

Beispiel:

„Meine treusorgende Ehefrau ist meine Alleinerbin; mein mißratener Sohn soll meine Schulden erhalten."

Nach der gesetzlichen Regelung des § 1922 BGB geht das Vermögen als Ganzes auf die Erben über. Die vom Erblasser gewünschte Aufteilung in wertvolles Vermögen und Schulden ist deshalb nicht möglich. Die Ehefrau hat nicht nur den aktiven Nachlaß, sondern auch die Schulden geerbt; dem enterbten Sohn steht ein Pflichtteilsanspruch zu.

Weil die Erben bei diesem Erwerb nicht mitwirken müssen – etwa mit einem Übergabevertrag – spricht das Gesetz von einem **Vonselbsterwerb**.

Die Erbschaft

2.2 Der Nachlaß

Aus dem Vermögen, das einem Menschen zu Lebzeiten gehört, wird im Todesfall der **Nachlaß**. Dieses hinterlassene oder auch nachgelassene Vermögen fällt mit dem Tod des Erblassers nicht weg und hat sich auch nicht verändert. Es besteht auch nach dem Tod weiterhin fort. Aus einem Mietshaus, Girokonto, Sparkonto, PKW, verschiedenen Einrichtungsgegenständen und persönlichen Habseligkeiten, also aus **aktiven Vermögenswerten** wie auch aus **Schulden**, etwa den nicht vollständig getilgten Kredit für das Haus. Mit dem Erbfall hat sich lediglich die **Zugehörigkeit** des Vermögens geändert: Eigentümer des aktiven und passiven Nachlasses sind unmittelbar die Erben geworden.

Was gehört zum Nachlaß? Zum Nachlaß gehören alle **vererblichen** Rechte und Pflichten des Erblassers.

Regelmäßig gehen die **geldwerten** Rechtsbeziehungen auf die Erben über und die **nichtvermögenswerten** (insbesondere die **höchstpersönlichen**) Rechte erlöschen. Von diesem Grundsatz gibt es jedoch auch Ausnahmen, wie etwa das Nießbrauchsrecht an einem Grundstück, welches einen beträchtlichen Wert darstellen kann und dennoch mit dem Tod des Berechtigten erlischt. Umgekehrt kann die (ideelle) Mitgliedschaft in einem Verein (bei einer entsprechenden Satzung) vererblich sein.

2.2.1 Ansprüche oder Forderungen aus Verträgen

Diese sind in der Regel dann vererblich, wenn sie **nicht personenbezogen** sind. Hierher gehören z. B.

- **Sparguthaben**
  als eine Forderung des Erblassers gegen eine Bank.

- **Kaufpreis**
  aus Kaufverträgen über einen PKW oder ein Grundstück, die der Erblasser zu Lebzeiten abgeschlossen hat.

- **Arbeitslohn oder Gehalt**
  für bereits erbrachte Arbeitsleistungen. Allerdings endet die Verpflichtung zur Arbeits- oder Dienstleistung etwa eines Immobilienmaklers mit dem Tode; die Erben sind also nicht verpflichtet, diese personenbezogene Pflicht zum Verkauf eines Hauses zu erfüllen.

- **Werklohn** eines Handwerkers

- **Honoransprüche** von Ärzten

- **Urlaubsansprüche**
  des Erblassers sind personenbezogen und gehen daher **nicht** auf die Erben über;

- **Mietzins, Betriebskosten** für eine Mietwohnung
  Selbstverständlich gehen auf die Erben die Mietzins- und Betriebskostenansprüche gegen die Mieter des Erblassers über; die Mietkaution muß umgekehrt von den Erben nach Beendigung des Mietverhältnisses an den Mieter zurückgegeben werden.

- **Schadensersatzansprüche**
  aus der Verletzung privater Kauf-, Miet-, Werkverträgen stehen nach dem Erbfall ebenfalls den Erben zu.

2.2.2 Gesetzliche Ansprüche

In aller Regel gehen auch die gesetzlichen Ansprüche auf die Erben über. Dies gilt seit wenigen Jahren vor allem auch für den **Schmerzensgeldanspruch**, obwohl er einen Ausgleich für persönliche Verletzungen des Erblassers darstellt.

Bei Schadensersatzansprüchen wegen sogenannter materieller Schäden an Eigentum, Vermögen, Gesundheit muß im Einzelfall gefragt werden, ob die Schäden auch bei Fortleben des Erblassers entstanden wären. Hat der Erblasser zu Lebzeiten einen Vermögensvorteil ohne rechtlichen Grund erhalten, sind nach seinem Tod auch die Erben verpflichtet, diesen Vorteil zurückzugewähren.

2.2.3 Sachenrechte

Das **Eigentum** an einem Grundstück, eine zugunsten des Erblassers bestellte **Hypothek** oder **Grundschuld** oder auch der Besitz oder eine **Reallast** gehen auf die Erben über. Mit dem Tod des Berechtigten **erlöschen** jedoch

- der Nießbrauch;
- eine beschränkt persönliche Dienstbarkeit, etwa ein Wohnrecht;
- ein Vorkaufsrecht an einem Grundstück

weil sich diese Rechte auf die Person des Berechtigten beziehen.

2.2.4 Die Mietwohnung als gemeinsamer Hausstand

Die durch einen **Mietvertrag** begründeten Rechte sind **vererblich**, können also auf die Hinterbliebenen übergehen. Der Anspruch auf rückständigen Mietzins, die noch nicht geleistete Kaution, Durchführung von Schönheitsreparaturen, Räumung nach beendetem Mietverhältnis, kann also zum Nachlaß gehören.

Allerdings gibt es im Mietrecht eine praktisch wichtige **Ausnahme** vom Grundsatz der Gesamtrechtsnachfolge: Das durch einen Mietvertrag begründete Recht des Erblassers, eine Mietwohnung zu benutzen, geht nämlich nicht als Ganzes etwa auf die Erben über, die oft verstreut außerhalb vom letzten Wohnsitz des Erblassers wohnen und keinerlei Interesse an der Wohnung haben können. Sinnvollerweise ordnet das Gesetz hier die **Sonderrechtsnachfolge** an, wonach die Mietrechte eines Mietverhältnisses als einzelner Nachlaßgegenstand auf den im gemeinsamen Hausstand lebenden Ehegatten oder einen anderen Familienangehörigen (und nicht auf die Erben) übergeht.

Folgende Fälle sind zu unterscheiden:

- **Tod des Mieters**
  Stirbt der Mieter, tritt sein im gemeinsamen Hausstand lebender Ehegatte oder ein anderer Familienangehöriger, der mit dem Verstorbenen zusammengelebt hat, in das Mietverhältnis ein. Ehegatte wie Familienangehöriger müssen also nicht **Erbe** des

Mieters geworden sein und haben dennoch das Recht, in der Mietwohnung bleiben zu können.

> **Beispiel:**
>
> Egon lebt mit seinem Bruder in einem gemeinsamen Hausstand und bestimmt seinen Sohn als Alleinerben.
>
> Beim Tod Egons tritt der Bruder in das Mietverhältnis ein; er kann also wohnen bleiben, ohne daß der Alleinerbe die Möglichkeit hätte, die Mietwohnung für sich zu benutzen.

Auch bei diesem Rechtsübergang verändert sich das Mietverhältnis nur insofern, als die Person des Mieters ausgewechselt ist. Die Höhe der Miete und die sonstigen Bedingungen des Mietverhältnisses ändern sich nicht; insbesondere muß auch kein neuer Mietvertrag abgeschlossen werden.

> **Vorsorgen!**
>
> Der nichteheliche Lebenspartner, mit dem der Erblasser möglicherweise seit vielen Jahren in einem gemeinsamen Hausstand wohnt, tritt nach allgemeiner Meinung nicht in das Mietverhältnis ein. Will der vorausschauende Erblasser seinem nichtehelichen Lebenspartner den Besitz der Wohnung sichern, muß er ihn als Erben einsetzen, wenn der Vermieter ihn nicht zu Lebzeiten als weiteren Mieter in den Mietvertrag aufgenommen hat.

Tritt beim Tod des Mieters sein Ehegatte oder ein anderer Familienangehöriger, mit dem der Verstorbene zusammenlebte, in das Mietverhältnis ein, können sich die neuen Mieter jedoch **innerhalb eines Monats** entscheiden, ob sie das Mietverhältnis fortsetzen wollen. Erklären sie dem Vermieter innerhalb der Monatsfrist, daß

Die Erbschaft

sie das Mietverhältnis nicht fortsetzen wollen, gilt der Eintritt in das Mietverhältnis als nicht erfolgt (§ 569 a BGB). In diesem Fall werden die Erben die Mietnachfolger des Verstorbenen.

- **Tod des Vermieters**
  Stirbt der Eigentümer und Vermieter einer Wohnung oder eines Mietshauses, verbleibt es bei der Gesamtrechtsnachfolge. Die Erben treten auf der Seite des verstorbenen Vermieters in das Mietverhältnis ein. Die Erben sind durch den bestehenden Mietvertrag gebunden. Ein Sonderkündigungsrecht steht ihnen nicht zu. Folglich können sie einem mißliebigen Mieter nur dann kündigen, wenn ihnen ein berechtigtes Interesse (Pflichtverletzung des Mieters oder Eigenbedarf der Erben) zusteht.

2.2.5 Andere Mietverhältnisse (gewerbliche Mietverträge)

In allen anderen Mietverhältnissen,

- der Ehegatte oder Familienangehörige lebte nicht im gemeinsamen Hausstand mit dem Erblasser,
- (nur) der nichteheliche Lebenspartner lebte mit dem Erblasser in einem gemeinsamen Hausstand und
- bei gewerblichen Mietverhältnissen über Büroräume, Lagerhallen, Praxishäuser

bleibt es bei der Gesamtrechtsnachfolge, wonach die **Erben** in die bestehenden Mietverhältnisse **eintreten**.

Im Todesfall des Mieters gibt es ein **Sonderkündigungsrecht**: Sowohl der Erbe als neuer Mieter als auch der Vermieter können das Mietverhältnis unter Einhaltung der **gesetzlichen** Kündigungsfrist kündigen. Hierbei kann die Kündigung aber nur für den ersten Termin erfolgen, für den sie zulässig ist (§ 569 BGB).

> **Beispiel:**
> Stirbt der Mieter eines Büros 2 Jahre vor dem Ende des Mietverhältnisses, etwa am 25. August eines Jahres, müssen die Erben des Mieters noch bis spätestens zum 3. Werktag des folgenden September die Kündigung dem Vermieter zugehen lassen. Wenn sie diesen Termin verpassen, muß der Mietvertrag bis zu seinem regulären Ende fortgesetzt werden.

Nicht selten ist deshalb eine schnelle Reaktion der Erben – wenn die Erben noch nicht feststehen, eines Nachlaßpflegers – erforderlich.

> **Vorsorgen!**
> Ältere, durch ein gewerbliches Mietverhältnis langfristig gebundene Mieter sollten stets überlegen, ob ihre Erben an der Fortsetzung dieses Mietverhältnisses ein Interesse haben können. Ist dies nicht der Fall, muß mit einer entsprechenden und mit dem Vermieter zu treffenden Vereinbarung vorgesorgt werden.

Im Todesfall des Vermieters geht das Mietverhältnis auf die Erben über, und zwar mit allen bisher bestehenden Rechten und Pflichten.

2.2.6 Handelsgeschäft und Handwerksbetrieb

Auch ein Handelsgeschäft oder ein Handwerksbetrieb kann zum Nachlaß gehören und auf die Erben übergehen. Diese Unternehmen stellen rechtlich ein Bündel unterschiedlichster Rechte und Pflichten dar, die in der Person des Erblassers als Einzelkaufmann oder Handwerksmeister vereinigt sind: Ansprüche auf Kaufpreise, Arbeitsverhältnisse, Eigentum an Grundstücken und beweglichen Sachen usw.

Hierbei ist zu beachten, daß die Firma einer Handelsgesellschaft, also der Name des Unternehmens, nur zusammen mit dem Unternehmen selbst vererblich ist. Unvererblich sind auch hier alle personenbezogenen Rechte, wie etwa die **Kaufmannseigenschaft**, oder etwa die **Gaststättenerlaubnis** oder sonstige **öffentlichrechtliche Gewerbeberechtigungen**; diese müssen von den Erben des Unternehmens neu beantragt werden.

2.2.7 OHG und KG

Stirbt bei der offenen Handelsgesellschaft oder der Kommanditgesellschaft der persönlich haftende Gesellschafter, wird die Gesellschaft aufgelöst, wenn nicht – wie häufig – Nachfolgeklauseln zugunsten von Erben im Gesellschaftsvertrag aufgenommen sind. Möglich ist auch die Regelung, daß die Gesellschaft unter den übrigen Gesellschaftern fortgesetzt werden soll. In diesem Fall erwirbt der Erbe den Abfindungsanspruch, der dem Erblasser im Falle seines lebzeitigen Ausscheidens zugestanden hätte.

Stirbt dagegen der Kommanditist (nicht persönlich haftender Gesellschafter einer KG), wird die Gesellschaft nicht aufgelöst; der Kommanditanteil ist daher vererblich.

2.2.8 Aktien und GmbH-Anteile

Diese stellen Mitgliedsrechte und anteilige Beteiligungen an **Kapitalgesellschaften** dar, die unbeschränkbar (jedenfalls bei der Aktiengesellschaft) vererblich sind.

2.2.9 Bankkonten

Bankkonten gehen ebenfalls auf die Erben über. Die Erben haben sich durch einen Erbschein auszuweisen. Andernfalls braucht die Bank keine Auskünfte zu erteilen.

2.2.10 Lebensversicherungen

Die Versicherungssumme einer Lebensversicherung, also einer Kapitalversicherung auf den Todesfall, gehört **nicht** zum Nachlaß, weil die Bezugsberechtigten den Anspruch direkt vom Versicherungsunternehmen erwerben.

Mit dieser Besonderheit ist die Lebensversicherung bestens zur Vermögensvorsorge außerhalb des Erbrechts geeignet (vgl. unten anderweitige Vermögensvorsorge).

2.2.11 Unvererbliche Rechte und Pflichten

Alle Rechte, die mit der Persönlichkeit des Verstorbenen in einem Zusammenhang stehen, also die **höchstpersönlichen Rechte**, gehen regelmäßig **nicht** auf die Erben über. Hierzu gehören neben den oben als Ausnahmen bereits genannten Rechte etwa Ansprüche auf Unterhalt oder die Beamtenstellung des Erblassers; deshalb kann grundsätzlich nur die rückständige Beamtenpension von den Erben beansprucht werden.

Auch höchstpersönliche Pflichten des Erblassers gehören nicht zum Nachlaß: Für die letzte tödlich verlaufene Alkoholfahrt müssen sich die Erben also nicht vor dem Strafrichter verantworten (jedoch an einen Geschädigten Schadensersatz leisten). Auch die Schul- und Wehrpflicht erlöschen selbstverständlich mit dem Tod eines Menschen.

2.3 Nachlaß im Ausland

Rüstige Pensionäre sind ungebunden und können es sich gelegentlich leisten, dem regnerischen Ruhrgebiet den Rücken zu kehren und in Spanien oder gar in Florida zu überwintern. Schwankende Währungen, florierende Aktienmärkte und ertragsteuerliche Vorteile führen dazu, daß Schweizer Rentenpapiere, US-Amerikanische Aktien oder gar ein Ferienhaus an der Cote d'Azur erworben werden. Diese Globalisierung – um ein Modewort zu benutzen – der Vermögenswerte muß auch im Erbrecht Beachtung finden:

2.3.1 Grundsatz: Deutsches Erbrecht

Gemäß Art. 25 Einführungsgesetz zum BGB richtet sich das **anwendbare Erbrecht** nach der **Staatsangehörigkeit** des Erblassers. Für einen Franzosen gilt demnach das französische, für einen Deutschen das deutsche Erbrecht (bzw. das deutsche internationale Privatrecht). Grundsätzlich gilt für die Erbfolge also eine einzige Rechtsordnung (sog. **Gesamtstatut**).

Dieser Grundsatz gilt uneingeschränkt aber nur für bewegliches Vermögen oder Forderungen, also etwa die vorerwähnten Schweizer Rentenpapiere oder Aktien des deutschen Staatsangehörigen.

In manchen Staaten, etwa der **Schweiz, Dänemark** oder **Norwegen** gilt nicht die Staatsangehörigkeit des Erblassers, sondern für das Inlandsvermögen der **letzte Wohnsitz des Erblassers**.

2.3.2 Ausländische Immobilie: Die wichtige Ausnahme!

In einigen für uns besonders wichtigen Ländern

1. Frankreich,
2. USA,
3. Großbritannien,
4. Belgien,
5. Österreich (eingeschränkt auf den Erbgang)

gilt für Immobilien das Erbrecht des Staates, in dem die Immobilie **liegt**. Dieses **Belegenheitsrecht** für Immobilien führt also zu einer **Nachlaßspaltung** und zu beträchtlichen Gestaltungsspielräumen bei der Testamentserrichtung. Jeder in verschiedenen Ländern befindliche Teil des Nachlasses unterliegt dem Erbrecht des jeweiligen Landes, das etwa wie die USA kein Pflichtteilsrecht der Kinder kennt.

> **Beispiel:**
>
> Das Ehepaar Jan und Eva verlassen nach der Pensionierung von Jan Freiburg, verkaufen ihr Haus (behalten für alle Fälle vielleicht noch eine kleine Mietwohnung und etwas Hausrat) und erwerben ein schönes Hausgrundstück in Florida direkt am Meer im Wert von 600.000,– US-Dollar. Der Ehemann stirbt nach 3 Jahren. Der einzige Sohn Horst fragt seinen Rechtsanwalt nach seinem Erb- bzw. Pflichtteil.
>
> In diesem Fall tritt die Nachlaßspaltung ein:
>
> Das deutsche Vermögen wird nach deutschem Erbrecht verteilt. Das Haus in Florida unterliegt dem US-amerikanischen Erbrecht, welches die Ehefrau – auch ohne Testament – als Alleinerbin von Jan betrachtet und welches ein Pflichtteilsrecht von Kindern nicht kennt.

Horst geht in diesem gewiß extremen Beispielsfall also praktisch leer aus, weil der deutsche Nachlaß (nur Hausrat) und sein unzweifelhaftes Erbrecht nichts wert und das werthaltige US-Vermögen der Eltern für ihn nicht erreichbar ist.

> **Vorsorgen!**
>
> Ist der Nachlaß auf verschiedene Länder, insbesondere Schweiz, Frankreich, USA verteilt, muß der Vorsorgende oder künftige Erblasser wie auch der beteiligte Erbe unbedingt einen im internationalen Erbrecht versierten Rechtsanwalt konsultieren. Durch die Verlagerung von Vermögen gibt es beträchtliche Gestaltungsspielräume.

Die Erbschaft

2.4 Schulden

Weil zum Nachlaß nicht nur werthaltiges Vermögen sondern auch **Schulden** des Erblassers gehören, stellt das BGB in § 1967 lapidar fest:

„**Der Erbe haftet für die Nachlaßverbindlichkeiten.**"

Folgende Nachlaßverbindlichkeiten sind zu unterscheiden:

2.4.1 Erblasserschulden

Dies sind vom Erblasser herrührende Schulden (soweit sie nicht als personenbezogen mit dem Tod erlöschen), also Bankschulden, ein noch nicht getilgtes Restkaufpreisdarlehen, ein Kaufpreis, eine Schmerzensgeldverpflichtung, Mietschulden usw.

2.4.2 Erbfallschulden

Dies sind Schulden, welche den Erben in seiner Eigenschaft als Erben betreffen, also **Pflichtteils-, Auflagen-, Vermächtnis-, Erbersatzansprüche** nichtehelicher Kinder und **Beerdigungskosten**.

Diese Schulden sind also nicht in der Person des Erblassers entstanden und auf den Erben übergegangen, sondern entstehen erst mit dem Erbfall beim Erben selbst.

2.4.3 Nachlaßerbenschulden

Sie entstehen durch Rechtshandlungen der Erben, und gehören nicht zu den übergehenden Schulden des Erblassers. Der Erbe haftet mit seinem Eigenvermögen; daneben haftet der Nachlaß, wenn die Schulden sich auf diesen beziehen.

> **Beispiel:**
>
> Beauftragt der Erbe für ein zum Nachlaß gehörendes Mietshaus einen Handwerker, haftet sowohl der Erbe mit seinem Eigenvermögen wie auch der Nachlaß für den Werklohn.

2.5 Haftung

Wenn der Erbe die Erbschaft aufgrund fehlender Ausschlagung angenommen hat, haftet er für die Nachlaßverbindlichkeiten unbeschränkt. Das BGB gibt ihm jedoch die Möglichkeit, seine Haftung auf den Nachlaß zu beschränken, weil auch nach Annahme der Erbschaft nicht einzusehen ist, daß die Gläubiger des Erblassers aus dem Umstand des Todes ihres Schuldners Kapital schlagen sollen.

Der Alleinerbe (zur Miterbengemeinschaft siehe oben 1.3.4) muß aber folgende **Maßnahmen** ergreifen, die zu einer nachträglichen Trennung des Eigenvermögens des Erben und des Nachlasses führen:

2.5.1 Nachlaßverwaltung

Die Anordnung der Nachlaßverwaltung empfiehlt sich, wenn der Erbe nicht weiß, welche Schulden vorhanden sind und wenn die Gefahr einer Überschuldung besteht (**unübersichtlicher Nachlaß**).

Die Nachlaßverwaltung muß vom Erben beim zuständigen **Nachlaßgericht** (in Baden-Württemberg: **Staatliches Notariat**) beantragt werden; auch die Nachlaßgläubiger oder der Testamentsvollstrecker sind antragsberechtigt.

Der vom Nachlaßgericht eingesetzte Nachlaßverwalter tritt als Treuhänder an die Stelle der Erben und verwaltet den Nachlaß,

Die Erbschaft

nimmt also z. B. die Nachlaßgegenstände in Besitz und befriedigt die Nachlaßgläubiger.

2.5.2 Nachlaßkonkurs

Das zweite amtliche Verfahren zur Trennung von Eigenvermögen des Erben und Nachlaß ist der **Nachlaßkonkurs**. Ein Nachlaßkonkurs ist bei einem (sicher) **überschuldeten** Nachlaß zu beantragen.

2.5.3 Einreden des Erben

Gegenüber einzelnen Gläubigern kann der Erbe mit der Erhebung einer sogenannten Einrede seine Haftung auf den Nachlaß beschränken:

- **Aufgebotsverfahren**
  Wenn ein Erbe die Nachlaßgläubiger im Wege des Aufgebots zur Anmeldung ihrer Forderung auffordert, sind die Gläubiger ausgeschlossen, die ihre Forderung nicht (rechtzeitig) anmelden. Durch das Aufgebotsverfahren sind die Nachlaßgläubiger von Erbfallschulden (**Pflichtteil, Vermächtnis, Auflage**) nicht betroffen. Ihre Ansprüche bleiben auch ohne Anmeldung erhalten.

- **Säumigkeit**
  Einem Nachlaßgläubiger, der seine Forderung später als 5 Jahre nach dem Erbfall dem Erben gegenüber geltend macht, kann der Erbe die Säumigkeit vorhalten und die Zahlung verweigern.

- **Dürftigkeit**
  Ist für eine Nachlaßverwaltung oder einen Nachlaßkonkurs keine die Kosten deckende Masse vorhanden, kann der Erbe die Befriedigung eines Nachlaßgläubigers insoweit verweigern, als der Nachlaß nicht ausreicht.

- **Dreimonatseinrede**
  Schließlich hat ein Erbe mit der sogenannten Dreimonatseinrede die Möglichkeit, in den ersten drei Monaten nach Annahme der Erbschaft den Ausgleich von Schulden zu verweigern. Diese

Schonfrist versetzt den Erben in die Lage, sich über den Bestand der Erbschaft zu unterrichten.

3 Der Pflichtteil – Grenze der letztwilligen Vermögensgestaltung

3.1 Zweck des Pflichtteilsrechts

Weil nach dem Grundsatz der privatautonomen Testierfreiheit der Erblasser frei über sein Vermögen verfügen kann, ist ein Testament, mit dem die nächsten Angehörigen enterbt werden, grundsätzlich voll gültig. Ein Vater ist also nicht gehindert, etwa seinen Sohn, mit dem er zu Lebzeiten nicht klargekommen ist, zu enterben und seine übrigen Kinder zu Alleinerben einzusetzen.

Wie ein Fall aus meiner Rechtsanwaltspraxis zeigt, kann ein Vater auch seinen Sohn auf dessen Versprechen, den Vater in gesunden wie in kranken Tagen zu pflegen, bereits zu Lebzeiten Haus und Hof überschreiben und die übrigen 7 Schwestern zwar nicht durch Testament ausdrücklich enterben, aber sie schlicht dadurch leer ausgehen lassen, weil er nicht mehr als den Hof besessen hat und folglich kein sonstiges Vermögen hinterlassen kann.

Weil all diese Vermögensverfügungen voll wirksam zu einer **Benachteiligung** nächster Angehöriger führen würden und das Erbrecht andererseits vom Grundsatz der Verwandtenerbfolge beherrscht ist, setzt das **Pflichtteilsrecht** der Entscheidungsfreiheit des Erblassers **Grenzen**. Wie sich zu Lebzeiten die Familienangehörigen familienrechtlich und auch sittlich zu Unterhalt, Unterstützung und Versorgung verpflichtet sind, darf ein Erblasser seine nächsten Familienangehörigen nicht völlig übergehen und materiell schutzlos zurücklassen. Der Erblasser soll sich also nicht auf **Kosten der Sozialhilfe** völlig seinen rechtlichen und moralischen Pflichten entziehen können, für nächste Angehörige zu sorgen.

Aus diesem Grund gewährt das Gesetz den nächsten Angehörigen mit dem **Pflichtteil**, der grundsätzlich die Hälfte des gesetzlichen Erbteils ausmacht, eine **gesetzliche Mindestbeteiligung** am Nachlaß. Ob und wie gut die nächsten Angehörigen mit diesem Pflichtteilsrecht geschützt sind, und umgekehrt welche Möglichkeiten der Erblasser hat, seine Entscheidungsfreiheit trotz des gesetzlichen Pflichtteilsrechts größtmöglich zu bewahren, sehen wir in den folgenden Abschnitten.

3.2 Was ist der Pflichtteil?

Der Pflichtteil ist immer ein **auf Geld** gerichteter **Anspruch** des Pflichtteilsberechtigten **gegen** den oder die **Erben**. Im Gegensatz zum Fall der Erbeinsetzung, in dem der Erbe die Erbschaft unmittelbar mit dem Tod des Erblassers erwirbt, muß der Pflichtteilsanspruch gegen den oder die Erben geltend gemacht werden. Der Anspruch entsteht mit dem Erbfall und verjährt innerhalb von 3 Jahren, wenn er nicht zuvor gegen die Erben **gerichtlich** geltend gemacht worden ist. Zahlen die Erben nicht freiwillig, muß der Pflichtteilsberechtigte notfalls vor dem zuständigen Gericht klagen.

Weil der Pflichtteilsberechtigte nicht zum Kreis der Erben gehört, muß er sich auch nicht um die Verwaltung und Auseinandersetzung des Nachlasses kümmern. Er hat nicht unter einem nach dem Erbfall eingetretenen Wertverlust zu leiden, wie er andererseits auch nicht an späteren Wertsteigerungen teilnimmt.

3.3 Die Pflichtteilsberechtigten

Zum pflichtteilsberechtigten **Personenkreis** gehören nur die nächsten Angehörigen des Erblassers, also

- die **Abkömmlinge** (leibliche oder adoptierte Kinder, Enkel, Urenkel)
- der **Ehegatte** und
- die **Eltern**.

Wie im gesetzlichen Erbrecht werden auch im Pflichtteilsrecht die entfernteren Abkömmlinge durch die näheren Abkömmlinge und die Eltern als gesetzliche Erben zweiter Ordnung durch die pflichtteilsberechtigten Erben erster Ordnung verdrängt.

> **Beispiel:**
>
> Zugunsten der Kirche enterbt Hans seine beiden Kinder und seine noch lebende Mutter. Die Kinder erhalten ihren gesetzlichen Pflichtteil, nicht jedoch die Mutter, die auch im Falle der gesetzlichen Erbfolge ausgeschlossen wäre.

3.4 Gegen wen richtet sich der Pflichtteilsanspruch?

Mit dem Erbfall entsteht der Pflichtteilsanspruch als eine gewöhnliche **Geldforderung**, die dem Pflichtteilsberechtigten gegen den Alleinerben oder die Miterben zusteht. Ist Vor- und Nacherbschaft angeordnet, richtet sich der Pflichtteilsanspruch vor Eintritt des Nacherbfalls gegen den Vorerben.

Geltend gemacht werden muß der Pflichtteilsanspruch spätestens 3 Jahre nachdem der Pflichtteilsberechtigte vom Eintritt des Erbfalls erfahren hat und ungeachtet dieser Kenntnis innerhalb von 30 Jahren.

Grundsätzlich unterbricht nur die **gerichtliche** Geltendmachung diese Verjährung. Zunächst einmal wird der Pflichtteilsberechtigte vom Erben **Auskunft** über den Nachlaßbestand verlangen, damit er überhaupt die Höhe seines Pflichtteilsanspruchs berechnen kann. Auch diesen Auskunftsanspruch kann der Pflichtteilsberechtigte notfalls gerichtlich durchsetzen; in diesem Fall wird die Verjährung des Pflichtteilsrechts insgesamt unterbrochen.

Der Auskunftsanspruch richtet sich gegen den Erben, kann sich jedoch auch gegen einen Beschenkten richten, der innerhalb der letzten 10 Jahre vor dem Erbfall etwas vom Erblasser erhalten hat.

Die Auskunftspflicht erstreckt sich auf

- sämtliche zum Zeitpunkt des Todes vorhandene **Nachlaßgegenstände**;
- **Nachlaßverbindlichkeiten**;
- auch Forderungen, z. B. **Bankguthaben**. Der Erbe hat dem Pflichtteilsberechtigten den Saldo des Bankguthabens zum Todesfall mitzuteilen;
- **Schenkungen innerhalb von 10 Jahren**;
- den **Wertermittlungsanspruch**. Der Pflichtteilsberechtigte kann vom Erben eine sachverständige Begutachtung des Wertes der Nachlaßgegenstände verlangen, die zur Zeit des Erbfalls vorhanden sind;
- **Nachlaßverzeichnis**. Darüber hinaus schuldet der Erbe dem Pflichtteilsberechtigten auf dessen Verlangen auch die Erstellung eines Nachlaßverzeichnisses. Dieses kann durch einen Notar aufgenommen werden. Die Kosten des Nachlaßverzeichnisses und der Wertermittlung, beziehungsweise der amtlichen Aufnahme des Nachlasses, fallen dem Nachlaß zur Last.

3.5 Die Berechnung des Pflichtteils

Der Pflichtteil berechnet sich nach der **Pflichtteilsquote** und dem **Nachlaßwert**.

3.5.1 Die Pflichtteilsquote

Sie besteht nach dem Gesetz in **der Hälfte** des gesetzlichen Erbteils. Um feststellen zu können, wie hoch die Pflichtteilsquote ist, muß in einem **ersten Schritt** also gefragt werden: Wie hoch wäre die Erbquote, wenn der Angehörige zur gesetzlichen Erbfolge berufen wäre?

Bei dieser Prüfung sind auch solche Personen mitzuzählen, die etwa wegen Erbausschlagung oder Erbunwürdigkeit keine Erben werden. Mitgezählt werden auch die gerade durch Testament enterbten Personen. Bei dieser Rechnung unberücksichtigt bleiben Personen, die einen Erbverzicht abgegeben haben.

> **Beispiel:**
>
> Hans lebt mit seiner Ehefrau im gesetzlichen Güterstand. Beide haben 3 Kinder: Monika, Erich und Karl. Durch gemeinschaftliches Testament haben sie sich gegenseitig als Alleinerben eingesetzt (die Kinder im Todesfall des zuerst versterbenden Elternteils also enterbt) und für den Todesfall des überlebenden Elternteils Karl und Monika als Schlußerben eingesetzt; Erich soll also nicht Erbe werden.
>
> Wie berechnet sich der Pflichtteil der Kinder nach dem Tod des zuerst versterbenden Hans an dessen Nachlaß?
>
> Erbquoten: Ehefrau ½
> Kinder (je ⅓ von der anderen Hälfte, also) je ⅙
> Pflichtteil der Kinder: die Hälfte von ⅙ = je ¹⁄₁₂.
>
> Mit welcher Pflichtteilsquote wäre (der im ersten und zweiten Erbgang enterbte) Erich am Nachlaß der Mutter beteiligt, wenn Monika die Erbschaft der Mutter ausschlüge?
>
> Erbquote: Alle Kinder wären als einzige Erben zu je ⅓ berufen.
>
> Pflichtteilsquote von Erich: ⅙ (= die Hälfte von ⅓)
>
> Bei dieser Berechnung wird sowohl die ausschlagende Monika wie auch der enterbte Erich selbst bei der Berechnung der Pflichtteilsquote mitgezählt.

Wie hoch ist die Pflichtteilsquote einer Ehefrau, die von ihrem Ehemann erbrechtlich übergangen wurde? Dieser Fall dürfte nicht allzu häufig vorkommen. Leben die Ehegatten wie stets, wenn sie nichts anderes vereinbart haben, im gesetzlichen Güterstand der

Der Pflichtteil – Grenze der letztwilligen Vermögensgestaltung 61

Zugewinngemeinschaft, kann die Ehefrau neben ihrem Zugewinnausgleichsanspruch nur den Pflichtteil aus dem nichterhöhten gesetzlichen Erbteil (sogenannter **kleiner Pflichtteil**) verlangen (vgl. oben).

> **Beispiel:**
> Hans setzt anstelle seiner Ehefrau und seiner beiden Kinder eine Sekte als Alleinerbin ein.
>
> Erbquoten: Ehefrau ½ (¼ gesetzlicher Erbteil
> + Zugewinn-¼);
> Kinder je ¼
>
> Pflichtteilsquote: Die Ehefrau erhält die Hälfte aus dem nichterhöhten Erbteilsviertel, also ⅛ + den Zugewinnausgleich, die Kinder je ⅛.

Weil sich die Pflichtteilsquote der Ehefrau stets nur aus der nichterhöhten gesetzlichen Ehegattenerbquote berechnet, und die Ehefrau möglicherweise keinen Zugewinnausgleichsanspruch hat, sollte der Erblasser vorsorgen.

> **Vorsorgen!**
> Will der Erblasser seine Ehefrau nicht aus böser Absicht, sondern aus anderen Gründen von der Erbfolge ausschließen, so sollte er überlegen, ob er der Ehefrau nicht etwa ein Vermächtnis zukommen lassen will. In diesem einzigen Fall – die Höhe des Vermächtnisses ist unerheblich – hätte die Ehefrau nämlich ein **Wahlrecht**, ob sie
>
> • das Vermächtnis behält und den Restpflichtteilsanspruch, der sich in diesem **Ausnahmefall** aus dem bestehenden großen Pflichtteil (¼) berechnet oder ob sie

> - das Vermächtnis ausschlägt und den bisher bestehenden kleinen Pflichtteil nebst Zugewinnausgleichsanspruch wählt.

3.5.2 Nachlaßwert

Für die Berechnung des Pflichtteils kommt es auf den **Bestand** und **Wert** des Nachlasses zur **Zeit des Erbfalls** an. Von den Aktiven sind also die Schulden des Erblassers, wie auch die mit dem Erbfall verbundenen Kosten (also Beerdigungskosten) oder Kosten einer Nachlaßverwaltung abzuziehen. Nicht abgezogen vom Wert des Nachlasses können aber mit Ausnahme des Voraus (vgl. oben) die Vermächtnisse oder Auflagen. Der Erblasser kann die pflichtteilsberechtigten Angehörigen also nicht dadurch übergehen, daß er den Nachlaß mit Vermächtnissen aushöhlt.

Weiter gilt das sogenannte **Stichtagsprinzip**: Für die Wertermittlung kommt es auf den **Zeitpunkt des Todes** an. Hat zum Nachlaß also ein Grundstück in der ehemaligen DDR gehört und traf der Todesfall vor der Wiedervereinigung ein, richteten sich die Pflichtteilsansprüche nicht nach dem höheren Wert des Grundstücks etwa zur späteren Zeit der Erfüllung des Vermächtnisses. Auch bleibt die regelmäßige Wertsteigerung von Gemälden eines verstorbenen Malers nach dessen Tode außer Betracht.

Kann der Erblasser den Wert des Nachlasses selbst festlegen und damit Einfluß auf die Höhe des Pflichtteils nehmen?

Nein. Die pflichtteilsberechtigten Angehörigen sind vor zu geringen Wertangaben des Erblassers geschützt. Können sich die Pflichtteilsberechtigten mit den belasteten Erben nicht über den Wert des Nachlasses und damit über die Höhe des Pflichtteils einigen, muß letztendlich ein **Sachverständiger** entscheiden.

Bei **Grundstücken** können sich die Beteiligten auch etwa bei den Gutachterausschüssen der Gemeinden nach dem sogenannten **Bodenrichtpreis** erkundigen. Beim Bodenrichtpreis handelt es sich um den durchschnittlich erzielten Kaufpreis für Grundstücke in vergleichbarer Lage.

3.5.3 Nachlaßwert bei Übernahme eines Landguts

Begünstigt werden die Erben bei der Übernahme eines Landgutes. In diesem Fall schuldet der Erbe nur einen nach dem weit günstigeren **Ertragswert** eines oft wenig rentabel arbeitenden landwirtschaftlichen Betriebes berechneten Pflichtteil. Dadurch soll der landwirtschaftliche Betrieb erhalten werden.

Als Landgut wird eine Besitzung verstanden, die eine zum selbständigen und dauernden Betrieb der Landwirtschaft geeignete und bestimmte Wirtschaftseinheit darstellt und mit den nötigen Wohn- und Wirtschaftsgebäuden versehen ist. **Nebenerwerbslandwirtschaft** genügt, wenn sie zu einem erheblichen Teil zum Lebensunterhalt ihres Inhabers beiträgt.

3.6 In welchen Fällen schützt das Pflichtteilsrecht die nächsten Angehörigen?

3.6.1 Enterbung durch Testament

Der am meisten vorkommende Fall der Benachteiligung von nächsten Angehörigen dürfte die **Enterbung** durch ein **Testament** darstellen. Gehört der Verwandte zu dem pflichtteilsberechtigten Personenkreis (Abkömmlinge, Ehegatten, Eltern), greift das Pflichtteilsrecht ein.

Nicht geschützt sind damit selbstverständlich die Personen, die bereits nach dem gesetzlichen Erbrecht und nicht durch das Testament von der Erbfolge ausgeschlossen wären: Im Todesfall des Vaters haben also Enkel zu Lebzeiten der Kinder und Eltern des Vaters zu Lebzeiten seiner Kinder kein Pflichtteilsrecht.

Von einem Pflichtteilsrecht ausgeschlossen sind auch die Personen, die etwa im Rahmen einer vorweggenommenen Erbfolge auf ihr

Erb- oder Pflichtteilsrecht **verzichtet** haben, für pflichtteilsunwürdig erklärt worden sind oder selbst willentlich die unbeschränkte Erbschaft (vgl. dazu 3.6.3) ausgeschlagen haben.

Wie wird ein nächster Angehöriger durch eine letztwillige Verfügung von der Erbfolge ausgeschlossen? Einmal kann der Erblasser etwa den Sohn in einem Testament einfach nicht erwähnen und statt dessen eine andere Person als seinen alleinigen und ausschließlichen Erben einsetzen. Besser ist es jedoch, den nächsten Erben **ausdrücklich** zu enterben.

Was gilt, wenn der Erblasser in seinem Testament schreibt: „Meine Tochter soll den Pflichtteil bekommen."?

Achtung! Hier kann eine Enterbung der Tochter, aber auch ein Vermächtnis (sogenanntes **Vorausvermächtnis**) oder eine **Erbeinsetzung** in Höhe des Pflichtteils gesehen werden. Zwar hilft das Gesetz in diesem Fall mit einer Auslegungsregel, wonach die Zuwendung des Pflichtteils **im Zweifel** nicht als Erbeinsetzung anzusehen ist. Was der Erblasser aber gewollt hat, muß letztendlich ein Gericht durch Auslegung des Testaments entscheiden.

Vorsorgen!

Wer seine nächsten Angehörigen von der Erbfolge ausschließen will, wird gute Gründe für diesen Schritt haben und sollte das Testament auch insofern eindeutig verfassen:

1. Zu meinen Erben setze ich meine Söhne Hans und Franz ein.

2. Mein jüngster Sohn Herbert soll nicht Erbe werden; Herbert erhält ein Vermächtnis von 100.000,- DM.

3.6.2 Ein zu geringer Erbteil – der Pflichtteilsrestanspruch

Die pflichtteilsberechtigten Angehörigen können nicht nur durch die vollständige Enterbung, sondern auch dadurch benachteiligt

Der Pflichtteil – Grenze der letztwilligen Vermögensgestaltung

werden, daß ihnen ein Erbteil hinterlassen wurde, der geringer als der Pflichtteil ist. Mehr als den halben Erbteil können die Pflichtteilsberechtigten jedoch nicht verlangen.

> **Beispiel:**
>
> Ordnete der verwitwete Erblasser an, daß seine einzige Tochter Eva ¼ des Nachlasses erhalten soll und die übrigen ¾ an die 3 Enkelkinder gehen sollen, so liegt darin eine teilweise Enterbung von Eva, weil nach dem gesetzlichen Erbrecht Eva Alleinerbin geworden wäre. Ihre Pflichtteilsquote hätte in diesem Fall ½ betragen, während sie nach dem Testament nur ¼ des Nachlasses erhalten soll.

In diesem Fall der Zuwendung eines zu geringen Erbteils muß der Erblasser wissen, daß der benachteiligte Pflichtteilsberechtigte einen sogenannten **Restpflichtteilsanspruch** beanspruchen kann. Im vorherigen Beispiel kann Eva folglich ihren Restpflichtteilsanspruch in Höhe von ¼ gegen die Erben geltend machen. Zusammen mit der Erbquote von ¼ bekommt Eva damit ½ und folglich ihren gesamten Pflichtteilsanspruch.

Auch dieser Restpflichtteilsanspruch ist auf Geld gerichtet und kann je nach den finanziellen Verhältnissen der Erben dazu führen, daß diese den Nachlaß verkaufen müssen.

Hinterläßt der Erblasser seinem Ehegatten einen Erbteil, der geringer als die Hälfte des gesetzlichen Erbteils ist, kann auch dieser einen Restpflichtteilsanspruch fordern. Anders als im sonstigen Pflichtteilsrecht (vgl. oben 3.6.1), kann der so übergangene im gesetzlichen Güterstand der Zugewinngemeinschaft lebende Ehegatte aber den sogenannten **großen Pflichtteil** verlangen, weil ihm als Miterben kein Zugewinnausgleich zusteht.

> **Beispiel:**
> Wäre im vorherigen Beispiel der Erblasser im gesetzlichen Güterstand verheiratet gewesen und hätte er seine Ehefrau nur mit ¹/₁₀ am Nachlaß beteiligt (die übrigen Familienmitglieder zu ⁹/₁₀), könnte die Ehefrau von den Miterben die **wertmäßige Ergänzung** bis zum großen Pflichtteil verlangen.
>
> | | |
> |---|---:|
> | gesetzlicher Erbteil des Ehegatten neben den Kindern | ¼ |
> | + Zugewinnviertel | ¼ |
> | insgesamt | = ½ |
> | Pflichtteilsquote: hiervon die Hälfte | ¼ |
> | abzüglich Erbteil | ./. ¹/₁₀ |
> | Restpflichtteilsanspruch | = ³/₂₀ |

3.6.3 Beschränkungen und Beschwerungen

Nicht nur die Enterbung oder die Zuwendung eines zu geringen Pflichtteils können die nächsten Angehörigen benachteiligen. Dies kann auch dadurch geschehen, daß der Erblasser die Erben mit folgenden Maßnahmen beschränkt oder beschwert:

- Einsetzung eines **Nacherben**,
- Ernennung eines **Testamentsvollstreckers**,
- Anordnung einer **Teilungsanordnung**,
- Beschwerung mit einer **Auflage** oder einem
- **Vermächtnis**

Wie etwa bei der Einsetzung einer Vor- und Nacherbschaft noch zu sehen sein wird, bekommt der Erbe in diesen Fällen oft Steine statt Brot.

Das Gesetz schützt die nächsten Angehörigen wie folgt:

Ist der dem Erbe hinterlassene Erbteil **geringer** als der Pflichtteil (oben 3.6.2), dann gelten die vorbezeichneten Beschränkungen und

Beschwerungen als nicht angeordnet. Die nächsten Angehörigen sollen jedenfalls den ungeschmälerten Pflichtteil bekommen können.

Ist dagegen der hinterlassene Erbteil **größer** als der Pflichtteil, kann der Erbe **wählen**, ob er die Erbschaft und mit ihr die verbundenen Nachteile etwa einer Vorerbschaft bzw. eines zu zahlenden Vermächtnisses ausschlägt und statt dessen den (ungeschmälerten) Pflichtteil verlangt. Er kann sich auch für die Annahme der Erbschaft entscheiden, muß dann aber auch ihre Nachteile in Kauf nehmen. Damit der Erbe in Ruhe überlegen kann, ob er die belastete Erbschaft oder seinen ungeschmälerten Pflichtteil verlangen soll, beginnt die **6-wöchige Ausschlagungsfrist** erst, wenn der Pflichtteilsberechtigte von den Beschränkungen oder Beschwerungen Kenntnis erlangt hat.

3.6.4 Lebzeitige Schenkungen – die Pflichtteilsergänzung

Der wichtigste Fall der Benachteiligung nächster Angehöriger ist in der **lebzeitigen Schenkung** des Erblassers zu sehen, die sehr häufig dazu führen kann, daß im Todesfall kein nennenswerter Nachlaß mehr für die nächsten Angehörigen vorhanden ist. Die lebzeitigen Schenkungen höhlen nicht selten den Nachlaß vollständig aus. Dies ist für diejenigen Angehörigen nicht weiter tragisch, die zu Lebzeiten des Erblassers in den Genuß der Schenkung gekommen sind. Was aber ist mit den anderen?

Beispiel:

Der Vater hat ein Leben lang den landwirtschaftlichen Betrieb, den er von seinen Eltern übernommen hat, bewirtschaftet und übergibt im Jahre 1986 den Hof weiter an seinen jüngsten und einzigen Sohn Hans, der sich im Übergabevertrag verpflichtet hat, den Vater lebtäglich zu pflegen und zu versorgen. Weil Hans seinen Vater nur schleppend und schlecht versorgt, errichtet der Vater ein Testament und setzt

> die 7 Schwestern von Hans als Miterben ein. Hans wird enterbt.
>
> Wegen der zu Lebzeiten erfolgten Hofübernahme durch Hans gibt es zur Zeit des Todes kein nennenswertes Vermögen mehr, welches der Vater seinen Töchtern hätte hinterlassen können.

Mit diesem bereits erwähnten Fall aus meiner Praxis möchte ich nochmals davor warnen, den Kindern nicht zu früh und auch nicht gegen das Versprechen lebtäglicher Pflege den **gesamten** Nachlaß zu Lebzeiten zu vermachen (vgl. auch unten zur anderweitigen Vermögensvorsorge).

Zurück zum Fall: Welche Rechte haben die 7 Schwestern als Erben angesichts des Umstandes, daß nach dem Tod des Vaters kein nennenswerter Nachlaß mehr vorhanden ist?

Zunächst einmal konnten die Schwestern zu Lebzeiten ihres Vaters wie auch nach seinem Tod **rechtlich** nichts gegen den Übergabevertrag des Hofes auf den Bruder unternehmen. Der Vater konnte nach dem Grundsatz der **Privatautonomie** frei entscheiden, wann und wem er den Hof überschreibt. Den Schwestern steht jedoch ein sogenannter **Pflichtteilsergänzungsanspruch** gegen den Bruder zu, wenn zur Zeit des Erbfalls, also des Todes des Vaters, maximal 10 Jahre seit der Leistung des verschenkten Gegenstandes verstrichen sind. In unserem Beispielsfall gehen die Töchter – obwohl als Erben nach dem Tode ihres Vaters eingesetzt – leer aus: Die Schenkung an den Sohn wurde 1986 vollzogen, die 10-Jahres-Frist ist damit abgelaufen.

> **Vorsorgen!**
>
> Nächste Angehörige sind mit Hilfe des Pflichtteilsergänzungsanspruchs nur dann geschützt, wenn im Zeitpunkt des Erbfalls die Schenkung nicht älter als 10 Jahre ist. Bei Schenkungen sollte sich der Erblasser also stets überlegen, ob er

> bewußt nahe Angehörige übergehen will. Ist dies nicht der Fall, sollte er sich gleichzeitig mit der Schenkung Gedanken über den Ausgleich der übrigen Angehörigen machen (vgl. unten Abschnitt „**vorweggenommene Erbfolge**").

4 Erbschaft- und Schenkungsteuer

Mit seinem Zugriffsrecht der Erbschaft- und Schenkungsteuer ist der Staat jedenfalls dem Grundsatz nach an jeder Erbschaft und an jeder unentgeltlichen Zuwendung (= Schenkung) beteiligt; sachlich stellt das Erbschaftsteuer- und Schenkungsteuerrecht also eine **Art gesetzliches Erbrecht zugunsten des Staates** dar. Ob der Fiskus allerdings ein Stück vom Erbschaftskuchen abbekommt, hängt häufig davon ab, wie gut der Erblasser vorgesorgt hat, also wie geschickt er zum Beispiel Freibeträge, die Familienverhältnisse, die Bewertungsvorschriften und vor allem die 10-Jahres-Grenze ausgenutzt hat.

Im nachfolgenden Abschnitt geht es nicht um die Anstiftung zur Steuerhinterziehung, sondern um die Darstellung des Erbschaft- und Schenkungsteuerrechts und Anleitung zur richtigen und rechtzeitigen Organisation des Vermögens, damit der Staat nicht mehr als nötig bekommt.

Auf der anderen Seite muß ich davor warnen, den Nachlaß nur unter dem Gesichtspunkt der Erbschaft- und Schenkungsteuerersparnis zu ordnen. **Nicht alles, was Steuern spart, ist damit zugleich gut und richtig!** Entscheidend muß der Wille des Verfügenden bleiben, also die Frage, wem der Erblasser was oder wieviel hinterlassen will und welche Zwecke er damit verfolgt.

Für die lebzeitigen Zuwendungen der vorweggenommenen Erbfolge – der Vater überträgt zu seinen Lebzeiten wesentliche Teile seines Vermögens an die Kinder – gilt dies besonders; jeder alte Mensch sollte die Grausamkeit der gesellschaftlichen Werthaltungen bedenken, wonach er auch von nächsten Angehörigen mehr geschätzt wird, wenn er noch Eigentümer eines Hauses oder auch eines kleinen Vermögens ist. Je früher er sein Vermögen abgibt, je größer ist die **Gefahr der Vereinsamung** (vgl. auch unten zu den Vor- und Nachteilen der vorweggenommenen Erbfolge, 2. Kapitel, 2.1.3).

4.1 Gegenstand der Erbschaft- und Schenkungsteuer

Der Erbschaftsteuer unterliegt nicht nur die Erbschaft, also der Erwerb von Todes wegen, sondern – damit eine Steuerumgehung vermieden wird – auch die Schenkung unter Lebenden. Die Erbschaft- und Schenkungsteuer umfaßt also sogut wie **jede unentgeltliche Vermögenszuwendung**, also insbesondere den Erwerb durch

- einen Erbfall,
- ein Vermächtnis,
- einen Pflichtteilsanspruch,
- eine Schenkung auf den Todesfall,
- eine Schenkung unter Lebenden (also freigiebige Zuwendungen) und
- eine Zweckzuwendung.

4.2 Wer ist steuerpflichtig?

Alle natürlichen und juristischen Personen, die ihren **Wohnsitz, Sitz oder gewöhnlichen Aufenthalt im Inland** haben, unterliegen der Erbschaft- und Schenkungsteuer. Die „Republikflucht", also der mit einer Steuerersparnis motivierte dauernde Aufenthalt im Ausland, kann sich erst nach fünf Jahren lohnen; bis zu dieser Zeit unterliegen deutsche Staatsangehörige noch der deutschen Erbschaftsteuer. Das jeweilige Doppelbesteuerungsabkommen und das ausländische Erb- und Erbschaftsteuerrecht beinhalten oft strengere Anforderungen als das inländische Recht und sind zu beachten.

Erbschaft- und Schenkungsteuer

4.3 Der steuerpflichtige Erwerb

4.3.1 Die Bereicherung

Der Erbschaft- und Schenkungsteuer unterliegt die **Bereicherung** des Erwerbers, soweit diese nicht selbst steuerfrei ist. Soweit nichts anderes vorgeschrieben ist, wird die Bereicherung nach dem **gemeinen Wert** des zugewendeten Gegenstandes bestimmt. Dieser gemeine Wert wird durch den Preis ausgedrückt, der im gewöhnlichen Geschäftsverkehr nach der Beschaffenheit des Wirtschaftsguts bei einer **Veräußerung** erzielt werden könnte (= **Verkaufs- oder Verkehrswert**). Je nach Gegenstand der Erbschaft oder der Schenkung gibt es von diesem Grundsatz jedoch Abweichungen und Ausnahmen:

- für **Wertpapiere** gilt der niedrigste Tageskurs an der Börse beim Todes- oder Erwerbstag;
- für **Geld**, Forderungen (= **Sparbuch**) und Schulden ist der Nominalwert anzusetzen;
- für **Wirtschaftsgüter eines Unternehmens** gilt der Teilwert (= Wert, der auf das einzelne Wirtschaftsgut bei einem Gesamtverkauf anfallen würde);
- für **Grundstücke** ist der sogleich zu besprechende **Grundbesitzwert** anzusetzen;
- **Bodenschätze** (nicht zu einem Betriebsvermögen gehörend) können nach ihren ertragsteuerlichen Werten angesetzt werden.

Der Wert des Erwerbs beurteilt sich nach dem **Zeitpunkt** der Entstehung der Steuer, im Falle der Erbschaftsteuer also zur Zeit des Todestages.

4.3.2 Was ist abzugsfähig?

Obwohl die eigene **Erbschaftsteuerbelastung** die Bereicherung vermindert, darf sie nicht abgezogen werden. Abgezogen werden können die **Nachlaßverbindlichkeiten** (§ 10 Abs. 5 ErbStG). Wo es also keinen Nachlaß gibt (lebzeitige Schenkungen), gibt es folglich keine Nachlaßverbindlichkeiten, die in Abzug gebracht werden könnten. Die erbschaftsteuerliche Bereicherung wird unter **Abzug** folgender **Nachlaßverbindlichkeiten** ermittelt:

- die vom Erblasser herrührenden **Schulden**, soweit sie nicht mit einem zum Erwerb gehörenden Gewerbebetrieb in wirtschaftlichem Zusammenhang stehen;

- Verbindlichkeiten aus **Vermächtnissen, Auflagen, Pflichtteilen** und **Erbersatzansprüchen**; Auflagen, die dem Beschwerten selbst zugute kommen, sind nicht abzugsfähig;

- Kosten der **Bestattung**, des **Grabmals** und der **Grabpflege** – ohne Nachweis wird ein **Pauschalbetrag** von 20.000,– DM abgezogen.

4.3.3 Grundbesitz

Von dieser grundsätzlichen Geltung des Verkehrswerts gibt es für den Grundbesitz eine **sehr wichtige Ausnahme**, die jeder, der sich mit der Vermögensvorsorge beschäftigt, kennen muß. Das Grundvermögen (also Haus-, Grund- und Wohnungseigentum) wird nicht mit seinem jeweiligen Markt- oder Verkehrswert der Erbschaft- und Schenkungsteuer zugrundegelegt, sondern mit dem **erheblich niedrigeren** sogenannten **Grundbesitzwert** erfaßt.

Die noch günstigere Bewertung des Grundvermögens nach den früheren Einheitswerten des Jahres 1964 hat das Bundesverfassungsgericht für verfassungswidrig erklärt. Deshalb hat das **Jahressteuergesetz 1997** rückwirkend ab dem 1. 1. 1996 eine sogenannte **Bedarfsbewertung** angeordnet, wonach nicht flächendeckend die Millionen von Immobilien einer Bewertung unterzogen werden, sondern lediglich bei Bedarf, also bei einem Erbfall oder einer sonstigen unentgeltlichen Übertragung eines Grundstücks, der jeweilige **Grundbesitzwert** ermittelt wird.

Es gelten für

- **unbebaute** Grundstücke **80%** der von den Gutachterausschüssen der Städte und Gemeinden ermittelten **Bodenrichtwerte**;

Erbschaft- und Schenkungsteuer

- **Ein- und Zweifamilienhäuser** die durchschnittliche Jahres(-netto) miete der letzten drei Jahre beziehungsweise die übliche Miete (insbesondere bei unentgeltlicher oder eigener Nutzung) **x 12,5** abzüglich eines **Alterswertabschlags von 0,5%/Jahr** (höchstens 25%) **zuzüglich einem Zuschlag von 20%**.

> **Beispiel:**
> Erich verstirbt 1997 und hinterläßt ein selbstgenutztes Einfamilienhaus des Baujahres 1937; die vergleichbare Miete beträgt 1.200,- DM netto im Monat.
>
> | | |
> |---|---:|
> | Jahresmiete (netto = ohne Betriebskosten) | |
> | 12 x 1.200,- DM = | 14.400,- DM |
> | x 12,5 = | 180.000,- DM |
> | abzüglich Altersabschlag 60 Jahre x 0,5 % = 30%, maximal jedoch nur 25% von 180.000,- DM = | ./. 45.000,- DM |
> | ergibt | 135.000,- DM |
> | + 20% Erhöhungsbetrag = | + 27.000,- DM |
> | ergibt Grundbesitzwert: | 162.000,- DM |

- **Mietwohngrundstücke** werden wie die Ein- und Zweifamilienhäuser bewertet – allerdings ohne den Erhöhungsbetrag von 20 % (**Jahresmiete x 12,5 abzüglich Altersabschlag von 0,5%/Jahr**, höchstens 25%).

Durch diese (rückwirkend) seit 1.1.1996 gültige neue Grundbesitzbewertung wollte der Gesetzgeber einen etwa 60%igen Verkehrswert erreichen. Dadurch und mit dem vorherigen Beispiel zum selbstgenutzten Einfamilienhaus wird deutlich, daß auch nach dem Jahressteuergesetz 1997 die Übertragung von Grundbesitz **günstiger** ist als die des entsprechenden Kapitalvermögens.

> **Vorsorgen!**
>
> Durch den Kauf und die spätere Übertragung von Immobilien im Erbgang oder in der vorweggenommenen Erbfolge kann im Vergleich zum gleichwertigen Kapitalvermögen (Sparbücher und Aktien) regelmäßig Erbschaft- bzw. Schenkungsteuer gespart werden.
>
> Wegen der sogleich zu besprechenden hohen persönlichen Freibeträge wirkt sich diese Steuerersparnis allerdings nur bei größeren Vermögensübertragungen aus, weil das gebräuchliche Einfamilienhaus bei der Übertragung an nahe Angehörige zumeist steuerfrei bleibt.

Nachweis durch Gutachten
Schließlich ist wichtig, daß der Steuerpflichtige anstelle des so berechneten Grundstückswerts den Ansatz des **Verkehrswerts** verlangen kann, wenn er durch ein **Gutachten** nachweist, daß der Verkehrswert geringer als der Ertragswert ist.

4.4 Wie hoch ist die Erbschaftsteuer?

Die Höhe der Erbschaft- und Schenkungsteuer bestimmt sich nach dem Wert der Zuwendung und dem persönlichen Verhältnis des Erblassers oder Schenkers zum Erwerber. Je nachdem, wie nahe sich beide stehen, kommt eine der **Steuerklassen I – III (4.4.1)** in Betracht. **Freibeträge (4.4.2)** können den Wert des steuerpflichtigen Erwerbs mindern und führen beim Erbfall an nächste Angehörige oft dazu, daß die Erbschaftsteuer nur mäßig oder überhaupt nicht anfällt. Wieviel der Staat dennoch bekommt, folgt aus der **Erbschaftsteuertabelle (4.4.3)**.

4.4.1 Steuerklassen

Aus dem persönlichen Verhältnis zwischen Erblasser oder Schenker zum Erwerber folgt die Einordnung in die **drei Steuerklassen**.

Erbschaft- und Schenkungsteuer

Nahe Verwandte des Verstorbenen (z. B. Kinder) oder der Ehegatte genießen die Vorteile der Steuerklasse I mit Steuersätzen je nach dem Wert der Zuwendung zwischen 7 und 30%; Fremde zahlen in der Steuerklasse III bis zu 50% Erbschaft- oder Schenkungsteuer.

Es gehören zur

Steuerklasse I:
1. der Ehegatte
2. die Kinder und Stiefkinder
3. die Abkömmlinge der Kinder und Stiefkinder und
4. die Eltern und Voreltern bei Erwerben von Todes wegen

Steuerklasse II:
1. die Eltern und Voreltern, soweit sie nicht zur Steuerklasse I gehören (also bei Erwerben unter Lebenden)
2. die Geschwister
3. die Abkömmlinge ersten Grades von den Geschwistern
4. die Stiefeltern
5. die Schwiegerkinder
6. die Schwiegereltern
7. der geschiedene Ehegatte

Steuerklasse III: alle übrigen Erwerber und Zweckzuwendungen

Manchmal kann es aus steuerlichen Gründen also ratsam sein, mit einer Ehe oder einer Adoption die günstige Steuerklasse I zu „wählen".

Beispiel:

Das unverheiratete und kinderlose Paar Peter und Petra wollen sich gegenseitig als Alleinerben einsetzen. Wenn Peter seiner Lebensgefährtin 600.000,- DM hinterläßt, zahlt diese in der Steuerklasse III 29% oder 174.000,- DM Erbschaftsteuer (vgl. Erbschaftsteuertabelle c). Als Ehefrau von Peter hätte sie in der Steuerklasse I unter Berücksichtigung der Freibeträge keine Erbschaftsteuer zu zahlen.

Diese Ungleichbehandlung der nichtehelichen Lebensgemeinschaft läßt es manchmal ratsam erscheinen, auch aus erbschaftsteuerlichen Gründen zu überlegen, ob das formelle Band der Ehe nicht doch günstiger erscheint.

Vorsorgen!
Die Übertragung eines größeren Vermögens und vor allem stets bei der nichtehelichen Lebensgemeinschaft sollte die „Wahl der Steuerklasse" durch eine Ehe und in anderen Fällen auch eine Adoption überlegt werden.

4.4.2 Freibeträge

Vom Wert des steuerpflichtigen Erwerbs können je nach Verwandtschaftsgrad des Erwerbers zum Erblasser oder Schenker **persönliche Freibeträge** und je nach Art der Schenkung auch **sachliche Freibeträge** abgezogen werden. Zu versteuern ist nur der über den Freibetrag hinausgehende Wert. Die wichtigsten Freibeträge sind:

Persönliche Freibeträge

- bei **Ehegatten** im Fall des Erwerbs von Todes
  wegen oder bei Schenkungen   600.000,- DM
  zuzüglich eines **Versorgungsfreibetrags**
  bei Erwerb von Todes wegen von   500.000,- DM
  Der Versorgungsfreibetrag ist allerdings um den Kapitalwert der nicht der Erbschaftsteuer unterliegenden Versorgungsbezüge zu kürzen.

- bei **Kindern** im Fall des Erwerbs von Todes
  wegen oder bei Schenkungen   400.000,- DM
  zuzüglich eines bis zum Höchstalter von 27 Jahren gestaffel-

Erbschaft- und Schenkungsteuer

ten **Versorgungsfreibetrags** bei Erwerb von Todes wegen:

– für Kinder bis 5 Jahre	100.000,– DM
– zwischen 5 und 10 Jahren	80.000,– DM
– zwischen 10 und 15 Jahren	60.000,– DM
– zwischen 15 und 20 Jahren	40.000,– DM
– zwischen 20 und 27 Jahren	20.000,– DM

- bei **Enkeln, Urenkeln** in jedem Fall   100.000,– DM
- bei **Eltern** (nur im Falle des Erwerbs von Todes wegen)   100.000,– DM
- bei **Geschwistern, Geschwisterkindern, Schwiegerkindern, Schwiegereltern,** geschiedenen Ehegatten   20.000,– DM
- bei **Eltern** (im Falle von Schenkungen unter Lebenden)   20.000,– DM
- bei allen **übrigen Erwerbern**   10.000,– DM

Sachliche Freibeträge

- für **Hausrat einschließlich Wäsche und Kleidungsstücke** beim Erwerb durch Personen der Steuerklasse I   80.000,– DM
- für **andere** bewegliche körperliche **Gegenstände** wie Kraftfahrzeuge, Uhren, Schmuck beim Erwerb durch Personen der Steuerklasse I   20.000,– DM
- für Hausrat und andere bewegliche körperliche Gegenstände bei Erwerb durch Personen der Steuerklasse II und III   20.000,– DM
- bei **unentgeltlicher** oder unzureichend entlohnter **Pflege** des Erblassers   10.000,– DM
- für **Betriebsvermögen**, land- und forstwirtschaftliches Vermögen und Anteile an Kapitalgesellschaften bleibt ein Wert von   500.000,– DM
außer Ansatz, wobei nach der Steuerklasse I gerechnet wird, auch wenn der Erwerber einer der übrigen Steuerklassen angehört (Tarifbegrenzung).

4.4.3 Steuertabelle

Die Erbschaft- beziehungsweise Schenkungsteuer wird nach folgenden Vomhundertsätzen erhoben:

	Vomhundertsatz in der Steuerklasse		
Wert des steuerpflichtigen Erwerbs bis einschließlich DM	I Ehegatten, Kinder, Enkel, Eltern usw.	II Geschwister, Neffen, Nichten usw., geschiedener Ehegatte	III alle übrigen Erwerber
100.000	7	12	17
500.000	11	17	23
1.000.000	15	22	29
10.000.000	19	27	35
25.000.000	23	32	41
50.000.000	27	37	47
über 50.000.000	30	40	50

Beispiel zur Berechnung der Erbschaft- und Schenkungsteuer:
Thomas schenkt seiner Schwester 100.000,– DM. Schenker und Beschenkte befinden sich als Geschwister in der Steuerklasse II; ihnen steht ein Freibetrag von 20.000,– DM zu: 100.000,– DM ./. 20.000,– DM = 80.000,– DM = steuerpflichtiger Erwerb; Steuersatz nach Tabelle = 12 % ergibt eine Schenkungsteuer von 9.600,– DM.

Erbschaft- und Schenkungsteuer

4.4.4 Berücksichtigung früherer Erwerbe – 10-Jahres-Frist

Für die vorweggenommene Erbfolge und bei der unentgeltlichen Übertragung von Vermögen zu Lebzeiten des Erblassers bestimmt § 14 des ErbStG besonders wichtig, daß mehrere innerhalb von 10 Jahren von derselben Person anfallende Vermögensvorteile zusammengerechnet werden. Umgekehrt bedeutet dies, daß Zuwendungen, die zeitlich länger als 10 Jahre auseinander liegen, nicht zusammengerechnet werden dürfen. Dies führt dazu, daß die oben beschriebenen Freibeträge mehrfach ausgeschöpft werden können, wenn zwischen den einzelnen Erwerbsvorgängen mehr als 10 Jahre liegen; aufgrund der Progression der Erbschaftsteuertabelle führt die aufgeteilte Übertragung ebenfalls zu Vorteilen.

Beispiel:

Der Witwer Paul hinterläßt seinem einzigen 45jährigen Sohn eine Erbschaft im steuerpflichtigen Wert von 900.000,– DM; Erbschaftsteuer gemäß Steuerklasse I abzüglich Pauschbetrag (Bestattung und Grabpflege) 20.000,– DM abzüglich persönlichem Freibetrag 400.000,– DM = 480.000,– DM x 11% gemäß Erbschaftsteuertabelle = 52.800,– DM.

Wenn Paul seinem Sohn im Alter von 20 Jahren zum Studium 100.000,– DM und mit 35 Jahren zum Erwerb eines Eigenheims 400.000,– DM hätte zukommen lassen, wäre keine Erbschaftsteuer angefallen.

Vorsorgen!

Durch die 10-Jahres-Frist gibt es für diejenigen, die ihr Vermögen rechtzeitig ordnen, einen Gestaltungsspielraum: Die Freibeträge können mehrmals ausgeschöpft werden. Wer sein Vermögen nicht als Ganzes hinterläßt, sondern im Wege der vorweggenommenen Erbfolge in größeren als 10-Jahres-Schritten an die nächste Generation überträgt, spart Steuern.

2. Kapitel: Vorsorgen – aber wie?

Wer im ersten Kapitel festgestellt hat, daß die gesetzliche Erbfolge nicht oder nicht vollständig seinen Willen wiedergibt, oder wer befürchtet, daß es wegen der Erbschaft nach dem Tode unter den Erben zum Streit kommen könnte oder wer seinen Erben Erbschaftsteuer ersparen will, weiß, daß er etwas unternehmen muß. Für ihn oder sie stellt sich nun die Frage: **Vorsorgen – aber wie?**

Auf diese Frage sollen die nächsten Abschnitte eine Antwort geben. Sie werden sich also überlegen müssen, ob ein Testament errichtet oder ein Erbvertrag geschlossen werden soll. Diese Verfügungen von Todes wegen betreffen also die Vermögensgestaltung nach dem **letzten Willen** eines Menschen und entfalten grundsätzlich Rechtswirkungen erst mit dessen Tod.

Möglicherweise kommt jedoch eine schon zu **Lebzeiten wirksame** Maßnahme in Betracht: Vielleicht eine Schenkung an den Sohn, der Abschluß einer Lebensversicherung zugunsten der Ehefrau, vielleicht sogar eine Adoption des Pfleglings. Diese Vorkehrungen können, weil sie bereits zu Lebzeiten auf das Vermögen einwirken, als **lebzeitige Vermögensgestaltung** bezeichnet werden. Mit beiden Fragenkreisen beschäftigen sich die nächsten Abschnitte.

1 Die Vermögensgestaltung nach dem letzten Willen

1.1 Testierfreiheit

Die Testierfreiheit gibt dem Erblasser das Recht, von der gesetzlichen Erbfolge in beliebiger Weise abzuweichen. Er braucht dafür keine Gründe anzugeben. Wie er sich zu Lebzeiten frei entscheiden kann, eine Wohnung zu vermieten, ein Auto zu kaufen, Geld zu spenden, kann er auch für seinen Todesfall frei über sein Vermögen verfügen. Er kann – ohne daß ein Gericht prüfen darf, ob aus vernünftigen oder unvernünftigen Gründen – jemandem etwas aus der Erbschaft zuwenden oder andererseits gar den nächsten Verwandten von der Erbschaft ausschließen. Die Testierfreiheit ist also Ausdruck der **Privatautonomie**.

Ihre Grenzen hat die Testierfreiheit aber im Pflichtteilsrecht (vgl. oben, 1. Kapitel 3.), das den nächsten Angehörigen und den Ehegatten, nicht aber dem Partner der nichtehelichen Lebensgemeinschaft (!) eine Mindestbeteiligung am Nachlaß sichert. Auch können selbstverständlich wirksam keine Anordnungen getroffen werden, die gesetz- oder sittenwidrig sind. Dazu gehörten vor allem in früheren Zeiten die sogenannten „Geliebtentestamente". Nicht hierher gehört die vollständige Enterbung nächster Angehöriger, wie das Pflichtteilsrecht beweist. Diese ist wirksam. Schließlich kann sich auch niemand durch einen Vertrag oder eine Vertragsstrafe wirksam verpflichten, eine Verfügung von Todes wegen zu errichten oder nicht zu errichten, aufzuheben oder nicht aufzuheben (§ 2302 BGB).

Beispiel:

Emil hat seinem besten Freund Ernst ein Darlehen über 50.000,– DM gegeben. Ernst ist erkrankt und will gegenwärtig das Geld nicht zurückzahlen; er bietet Emil in einem Vertrag an, ihn als Alleinerben einzusetzen. Wenn Ernst wieder gesundet und sein Versprechen, Emil als seinen Alleinerben einzusetzen, nicht mehr einlösen will, kann Emil nicht darauf klagen, Alleinerbe von Ernst zu werden.

Die Testierfreiheit kann der Erblasser auch nur **persönlich** ausüben: Er kann es insbesondere keinem anderen überlassen (etwa einem Vertreter), die Erben oder den Vermächtnisnehmer oder die zuzuwendenden Gegenstände auszuwählen.

1.2 Testierfähigkeit

Ein Testament kann errichten, wer das 16. Lebensjahr vollendet hat. Allerdings kann ein testierfähiger Minderjähriger zwischen dem 16. und dem 18. Lebensjahr das Testament nur durch mündliche Erklärung oder Übergabe eines Schriftstücks vor einem Notar errichten. Die Jugendlichen sollen nur rechtlich beraten ihr Testament machen können.

Dagegen ist jeder geschäftsfähige Volljährige frei, jede ordentliche und – bei Vorliegen der Voraussetzungen – jede außerordentliche Form eines Testaments zu errichten.

Testierunfähig sind Personen unter 16 Jahren, Entmündigte (gegebenenfalls wegen Geisteskrankheit, Geistesschwäche, Verschwendungs- und Trunksucht) oder diejenigen, die wegen krankhafter Störung der Geistestätigkeit, wegen Geistesschwäche oder Bewußtseinsstörungen nicht in der Lage sind, die Bedeutung einer von ihnen abgegebenen Willenserklärung einzusehen und nach dieser Einsicht zu handeln. Diese testierunfähigen Personen können ein Testament auch nicht durch ihren gesetzlichen Vertreter, also die Eltern oder den Vormund, errichten, weil ein Testament nur persönlich errichtet werden kann. Eine Vertretung ist folglich ausgeschlossen.

1.3 Testamentsformen

Das Bürgerliche Gesetzbuch unterscheidet zwischen zwei Testamentsformen: Das **ordentliche** Testament ist das eigenhändige, also privatschriftliche Testament und das **öffentliche**, also vor einem Notar errichtete Testament.

Die **außerordentlichen** Testamentsformen tragen einer **Notlage** des Erblassers Rechnung. In Unglücks- oder Krankheitsfällen mit ihrer Gefahr des nahen Todes kann eine Urkundsperson häufig nicht oder nicht rechtzeitig erreicht werden. Diese Nottestamente sind:

- das **Bürgermeistertestament**,
- das **Drei-Zeugen-Testament** und
- das **Seetestament**.

Der Unterschied der beiden Testamentsformen liegt darin, daß die ordentlichen Testamente (eigenhändiges und öffentliches Testament) jederzeit und ohne besonderen Anlaß errichtet werden können und bis zu ihrem Widerruf in Kraft bleiben. Dagegen können die Nottestamente wirksam nur aus einem besonderen Anlaß – nämlich der Notlage – errichtet werden und verlieren ihre Gültigkeit, wenn seit der Errichtung beziehungsweise dem Wegfall der Zwangslage 3 Monate verstrichen sind und der Erblasser noch lebt.

1.4 Letztwillige Verfügungen – die vorteilhafte Form
1.4.1 Eigenhändiges Testament
1.4.1.1 Vor- und Nachteile

Das vom juristischen Laien bevorzugte Testament ist das **eigenhändige Testament**. Es ist weit verbreitet und aus dem französischen Recht übernommen worden. Es hat den **großen Vorteil**, daß es von jedem Volljährigen, der des Lesens und Schreibens mächtig ist, an jedem beliebigen Ort und zu jeder Zeit errichtet werden kann. Man muß niemandem mitteilen, daß und wie man seinen letzten Willen niederschreiben will. Zeugen sind ebensowenig erforderlich, wie eine notarielle Beurkundung. Es kostet nichts. So leicht, wie es errichtet werden kann, so leicht kann es auch wieder beseitigt und widerrufen werden.

Aus dieser leichten Handhabung des eigenhändigen Testaments folgen auch **Gefahren** für den letzten Willen, die jedoch durch fachkundigen Rat und Beachtung bestimmter Regeln begrenzt werden können.

Verschiedentlich wird gegen das eigenhändige Testament eingewandt, es wäre leichter als ein öffentliches Testament fälschbar und von z.B. benachteiligten Erben leicht zu beseitigen. Gelegentlich wird das privatschriftliche Testament im Todesfall auch nicht aufgefunden, weil der Erblasser es zu gut versteckt hat oder der Haushalt beim Umzug ins Altersheim aufgelöst wurde.

Gegen diese Gefahren schützt die **öffentliche Verwahrung**. Der Erblasser kann sein eigenhändiges Testament beim Amtsgericht (in Baden-Württemberg: beim Notariat) in besondere amtliche Verwahrung geben. Er erhält dafür einen Hinterlegungsschein und kann das Testament nach seinem Belieben wieder zurücknehmen, ohne daß es – im Gegensatz zum öffentlichen Testament – unwirksam würde. Neben der öffentlichen Verwahrung dient demselben Zweck auch die Aufbewahrung des Testaments bei einer Vertrauensperson. Diese kann etwa eine Person sein, der die Beseitigung des Testaments nicht zugute kommen würde, also etwa ein von Berufs wegen zur Verschwiegenheit verpflichteter Rechtsanwalt oder auch ein nächster Angehöriger.

Der Haupteinwand gegen das eigenhändige Testament ist aber die Errichtung durch den oft erbrechtlich unerfahrenen Laien. Zu oft spiegelt es nicht den wahren Erblasserwillen wider.

Vorsorgen!

Ich empfehle deshalb jedem, der mit einem eigenhändigen Testament von der gesetzlich angeordneten Erbfolge abweichen will, sich durch einen **Fachkundigen** beraten zu lassen. Vgl. unten 3. Der Erbrechtsberater

---

1.4.1.2 Voraussetzungen des eigenhändigen Testaments

Das eigenhändige Testament ist wirksam, wenn **vier Voraussetzungen** eingehalten sind:

- ernstlicher Wille des Erblassers,
- Testierfähigkeit,
- eigenhändige Niederschrift und
- eigenhändige Unterschrift.

Fehlt es auch nur an einer der genannten Voraussetzungen, so ist das Testament unwirksam.

Ernstlicher Wille des Erblassers
Manchmal kann es zweifelhaft sein, ob das aufgefundene eigenhändige Testament als Ausdruck des ernsthaften Willens des Erblassers angesehen werden kann. Dies ist etwa der Fall, wenn das Testament als „**Entwurf**" bezeichnet worden ist oder den Umständen nach als ein Scherz aufgefaßt werden kann.

> **Vorsorgen!**
>
> Stets nur die endgültige Fassung des ernsthaft gewollten Testaments aufbewahren und sicherheitshalber in amtliche Verwahrung geben. Die übrigen Entwürfe sind zur Vermeidung von Mißverständnissen zu beseitigen.

Testierfähigkeit
Die **Testierfähigkeit** als selbstverständliche weitere Voraussetzung haben wir bereits besprochen. Minderjährige Testierfähige, also Personen zwischen 16 und 18 Jahren, können ein eigenhändiges Testament **nicht** errichten. Sie sind auf das öffentliche Testament verwiesen.

Eigenhändige Niederschrift
Unabdingbares Erfordernis des privatschriftlichen Testaments ist die eigenhändige Niederschrift. Nur diese erlaubt es der Nachwelt zu überprüfen, ob die Erklärung tatsächlich vom Erblasser stammt und verhindert Fälschungen. Zur Eigenhändigkeit gehört also, daß das Testament vom Erblasser persönlich abgefaßt und von ihm in der ihm eigenen Schrift geschrieben ist.

Ob der Erblasser das privatschriftliche Testament mit der Hand, einer Prothese, dem Fuß oder dem Mund schreibt, ist gleichgültig. Er kann auch eine Schreibhilfe hinzuziehen, wenn er in der von ihm gewollten Bewegung freibleibt und nicht fremdem Willen unterworfen ist. Stenographie, Druckbuchstaben und Rundschrift sind zulässig, sollten aber vermieden werden.

Dagegen macht die mechanische Schrift der Schreibmaschine, des Stempels oder des Druckers eines PCs das Testament unwirksam. Selbstverständlich ist auch das mündlich gesprochene Wort, auch wenn es auf Tonband oder einem Videogerät aufgezeichnet wurde, ungenügend. Zur Gültigkeit des Testaments muß der Erblasser auch den **gesamten** Text des Testaments eigenhändig schreiben. Nur das eigenhändig Geschriebene zählt.

Schließlich kann der Erblasser auch nicht einen anderen beauftragen, für ihn den letzten Willen niederzuschreiben. Dies wäre keine **eigenhändige** Niederschrift. Möglich bleibt aber stets, daß sich der Erblasser das Testament von einem Berater aufsetzen läßt, um es selbst abzuschreiben.

Eigenhändige Unterschrift

Die eigenhändige Unterschrift ist die letzte Voraussetzung der Wirksamkeit des privatschriftlichen Testaments. Sie bezweckt die Feststellung der Person des Testierenden, die Kontrolle der Echtheit aufgrund der individuellen Schriftzüge des Erblassers, das Bekenntnis zu der schriftlich niedergelegten Erklärung und deren Abschluß.

Die Unterschrift muß nicht leserlich sein, wenn der Schriftzug die Identität des Unterzeichners ausreichend kennzeichnet. Ein geschlängelter Strich reicht ebensowenig wie 3 Kreuze oder ein Schnörkel oder ein Unterschriftsstempel. Unterschrieben werden sollte stets mit dem Vor- und Nachnamen, auch wenn die Rechtsprechung mittlerweile Künstler-, Kose- und Spitznamen und das vorwiegend in Brieftestamenten vorkommende

„Dein Vater" oder *„Dein Hans"*

genügen läßt.

Weiter muß die Unterschrift die handschriftliche Erklärung abschließen; sie muß also am Schluß des Geschriebenen stehen. Schließlich sollte der Erblasser zur Vermeidung künftiger Zweifel **Zeit** und **Ort der Errichtung** angeben, obwohl es sich hierbei um kein zwingendes Erfordernis des eigenhändigen Testaments handelt.

> **Vorsorgen!**
>
> Das privatschriftliche Testament muß **eigenhändig geschrieben** und am Schluß der Erklärung mit der Datums- und Ortsangabe **eigenhändig mit Vor- und Zunamen unterschrieben** werden.

Ein eigenhändiges Testament könnte etwa wie folgt aussehen:

Beispiel:

Mein letzter Wille!

Ich, Eva Schüler, geborene Maier, geboren am 15. 10. 1930 in Stuttgart, ordne an:

1. *Mein Ehemann Hans Schüler soll mein alleiniger Erbe sein. Sollte dieser nicht Erbe werden wollen oder können, so berufe ich als Ersatzerben meine Abkömmlinge nach der gesetzlichen Erbfolge.*

2. *Meinem Sohn Ernst wende ich als Vermächtnis das Einfamilienhaus in Freiburg (Grundbuchblatt 24 des Grundbuchamts Freiburg, Flurstück 123) zu.*

3. *Meiner langjährigen Haushälterin Frieda Freundlich, Goethestraße 10 in Stuttgart, wende ich ein Vermächtnis von 30.000,– DM zu, zahlbar ohne Zinsen 3 Monate nach meinem Tod.*

Stuttgart, den 1. 3. 1997

Eva Schüler

1.4.1.3 Amtliche Verwahrung

Weil das eigenhändige Testament oft zuhause errichtet und meistens auch dort verwahrt wird, ist es je nachdem, von wem es aufgefunden wird, der Gefahr der Vernichtung oder Verfälschung ausgesetzt. Ein privatschriftliches Testament sollte folglich stets einer Vertrauensperson zur Verwahrung übergeben werden; dies kann etwa der bei der Errichtung helfende und nach dem anwaltlichen Standesrecht zur Verschwiegenheit verpflichtete Rechtsanwalt sein.

Auf Verlangen des Erblassers kann ein eigenhändiges Testament auch in **besondere amtliche Verwahrung** genommen werden. Zuständig hierfür sind die Amtsgerichte; in Baden-Württemberg gibt es eine Sonderregelung, wonach die **Notariate** als Nachlaßgerichte für die Verwahrung von eigenhändigen Testamenten zuständig sind.

Der Erblasser kann das privatschriftliche Testament folglich beim Amtsgericht (in Baden-Württemberg: Notariate) in besondere amtliche Verwahrung geben und erhält als Quittung den sogenannten **Hinterlegungsschein**. Mit der amtlichen Verwahrung wird das privatschriftliche Testament nicht zum öffentlichen Testament; jedoch ist es in der amtlichen Verwahrung vor Fälschung und Verlust gesichert. Der Erblasser kann das Testament auch wieder zurückverlangen, ohne daß es dadurch (wie das öffentliche Testament) unwirksam würde.

Vorsorgen!

Mit Hilfe der **besonderen amtlichen Verwahrung** eines eigenhändig geschriebenen Testaments beim **Amtsgericht** (in Baden-Württemberg: beim **Notariat**) kann der Erblasser verhindern, daß sein letzter Wille verfälscht wird oder unbeachtet bleibt. Wird keine besondere amtliche Verwahrung gewünscht, sollte das Testament in die Hände einer Vertrauensperson gegeben werden.

1.4.2 Öffentliches Testament

Das öffentliche Testament ist die andere, neben dem eigenhändigen Testament bestehende **ordentliche** Testamentsform. Das öffentliche Testament kann nur zur Niederschrift vor einem Notar errichtet werden, indem
- der Erblasser dem Notar seinen letzten Willen mündlich erklärt,
- der Erblasser dem Notar eine offene Schrift oder
- eine verschlossene Schrift mit der Erklärung übergibt, daß die Schrift seinen letzten Willen enthalte (§ 2232 BGB).

Über die Beurkundung wird eine Niederschrift aufgenommen, die vorgelesen und vom Erblasser genehmigt und unterschrieben werden muß. Sodann wird das Testament vom Amtsgericht (in Baden-Württemberg: beim Notariat) in amtliche Verwahrung genommen. Der Erblasser erhält eine Abschrift und einen Hinterlegungsschein. Das Standesamt informiert die Hinterlegungsstelle über den Todesfall und stellt damit das Auffinden des Testaments und die Geltung des letzten Willens sicher. Die Rückgabe eines öffentlichen Testaments führt anders als beim privatschriftlichen Testament zum Widerruf der letztwilligen Verfügung.

Das öffentliche Testament hat den **Vorteil**, daß es nur in Gegenwart eines Fachkundigen errichtet werden kann; der Nachteil der Kosten tritt in den Hintergrund.

1.4.3 Gemeinschaftliches Testament von Eheleuten

Das gemeinschaftliche Testament der Ehegatten ist **keine eigene Testamentsform**, sondern stellt stets ein eigenhändiges oder öffentliches Testament, möglicherweise auch ein Nottestament dar. Die Ehegatten, in gültiger Ehe miteinander verbunden, erhalten die Erleichterung, ein gültiges Testament dadurch zu errichten, daß nur **ein Ehegatte** das Testament eigenhändig schreibt und unterschreibt und der andere die gemeinschaftliche Erklärung mitunterschreibt.

> Beispiel:
>
> Wir, Hans und Sigrid Freudig, geb. Meier, wohnhaft in Freiburg, Goethestraße 1, erklären unseren
>
> *letzten Willen*
> *wie folgt:*
>
> 1. Wir setzen uns gegenseitig als alleinige Erben ein.
> 2. Nach dem Tode des Längstlebenden von uns soll der vorhandene beiderseitige Nachlaß an unsere Kinder Horst und Ilse zu gleichen Teilen fallen. Unsere Kinder sollen nur Erben des zuletzt Verstorbenen sein.
> 3. Wer von unseren Kindern nach dem Tod des zuerst Sterbenden seinen Pflichtteil verlangt, soll nach dem Tod des zuletzt Versterbenden ebenfalls nur den Pflichtteil erhalten.
>
> Freiburg, den 1. 3. 1997
> Hans Freudig
>
> Dies ist auch mein Testament und Wille.
> Freiburg, den 1. 3. 1997
> Sigrid Freudig

Sachlich liegen also zwei letztwillige Verfügungen vor – der Mann und die Frau verfügen jeweils über **ihr** eigenes Vermögen –, die lediglich in einer **einheitlichen** Urkunde zusammengefaßt sind. Mit dem gemeinschaftlichen Testament gewährt das Gesetz den Ehegatten also eine Formerleichterung.

> **Vorsorgen!**
>
> Wichtig für die **nichtehelichen Lebensgemeinschaften** ist, daß sie kein gemeinschaftliches Testament errichten können. Sie können ähnliche Rechtswirkungen nur durch einen Erbvertrag erzielen.

Die Form des gemeinschaftlichen Testaments ist also für die verheirateten Eheleute vorbehalten. Zum Inhalt des gemeinschaftlichen Testaments vgl. unten Abschnitt 1.5.

1.4.4 Erbvertrag

In einem Testament ordnet der Erblasser **einseitig** seinen Nachlaß. Das Testament bedarf zu seiner Wirksamkeit also nicht der Einverständniserklärung etwa des Erben, wie der Erblasser umgekehrt auch niemanden fragen muß, wenn er sein Testament ändern oder widerrufen will.

Anders der Erbvertrag: In einem Erbvertrag schließt der Erblasser mit einem anderen – etwa seiner Nichte – einen **bindenden Vertrag** und regelt in diesem Vertrag, wer Erbe werden, ein Vermächtnis erhalten oder wer enterbt werden soll.

Wie bei allen Verträgen bindet sich im Falle des Erbvertrags der Erblasser. Er kann – abgesehen von den gesetzlich geregelten nicht-bindenden Verfügungen etwa der Testamentsvollstreckung – grundsätzlich den Erbvertrag nicht mehr **einseitig** widerrufen.

Der Erbvertrag muß vor einem **Notar** abgeschlossen werden; andernfalls ist er unwirksam. Im Gegensatz zum gemeinschaftlichen Testament können auch unverheiratete Personen, also Verlobte, **nichteheliche Lebenspartner** oder Geschwister – kurz also jedermann, der geschäftsfähig ist, einen Erbvertrag abschließen.

Der Erbvertrag kann **eine** letztwillige Verfügung des Erblassers enthalten (**einseitiger** Erbvertrag), er kann aber – und dies ist der Regelfall – von beiden Vertragspartnern auch **zwei** letztwillige

Verfügungen enthalten, wobei ähnlich wie beim Ehegatten-Testament, der eine den anderen zum Erben einsetzt.

Es gibt **unentgeltliche** wie auch **entgeltliche** Erbverträge; im letzten Fall erbringt der andere Teil für seine Einsetzung als Erben eine Gegenleistung. **Achtung:** Diese Gegenleistung kann aber nicht vom steuerpflichtigen Erwerb bei der Erbschaftsteuer abgesetzt werden. Für die Höhe der Erbschaftsteuer spielt die Gegenleistung also keine Rolle.

Wie wir gesehen haben, hat sich der Erblasser in einem Erbvertrag **gebunden**. Der Erblasser kann also **von Todes wegen** nicht mehr anders über sein Vermögen verfügen. Spätere Testamente des so durch Erbvertrag gebundenen Erblassers sind unwirksam.

Vorsorgen!

Will der Erblasser etwa für bestimmte Fälle frei bleiben – etwa weil der als Erbe eingesetzte Neffe bis zum 28. Lebensjahr seine Berufsausbildung noch nicht abgeschlossen hat –, muß die Rücktrittsmöglichkeit im Erbvertrag vorbehalten werden. Auch zur Durchsetzung einer Pflege- oder Unterhaltsverpflichtung, die der künftige Erbe dem Erblasser versprochen hat, sollte ein Rücktrittsvorbehalt vorgesehen werden.

Allerdings muß stets beachtet werden, daß der Erblasser durch einen Erbvertrag nicht gebunden ist, über sein Vermögen **zu Lebzeiten** zu verfügen.

Beispiel:

Der Millionär und Erblasser Ernst hat in einem Erbvertrag seinem Neffen ein Hausgrundstück als Vermächtnis versprochen. Wenn der in seinem letzten Lebensjahr verarmte Ernst zur Sicherung seines Lebensunterhalts verkaufen muß oder

> auch aus anderen Gründen verkauft, geht der Neffe ungeachtet des bestehenden Erbvertrags leer aus.

Zum Schutz des Vertragserben sollten deshalb entsprechende Regelungen aufgenommen werden.

> **Vorsorgen!**
> Weil der Erblasser nicht gehindert ist, unter Lebenden über den Gegenstand des Erbvertrags zu verfügen, sollte jedenfalls beim **entgeltlichen** Erbvertrag stets geprüft werden, ob sich der Erblasser verpflichten soll, auch lebzeitige Verfügungen zu unterlassen.
>
> Geschützt ist der Vertragserbe aber vor unlauterem Verhalten des Erblassers zu seinen Lebzeiten: Böswillige Schenkungen braucht er sich nicht gefallen zu lassen. Das heißt: Verschenkt der Erblasser einen Gegenstand des Erbvertrags, um den Vertragserben zu benachteiligen, kann der Vertragserbe im Erbfall vom Beschenkten die Herausgabe des Geschenks verlangen (§ 2287 Abs. 1 BGB).

1.4.5 Nottestamente

Von den Nottestamenten in der außerordentlichen Testamentsform war bereits die Rede (siehe 2. Kapitel, Abschnitt 1.3). Notlagen verlangen nach einer Erleichterung von der Formstrenge üblicher Testamente: Das **Bürgermeister-Testament, das Drei-Zeugen-Testament** und das **Seetestament** können nur in Notlagen errichtet werden. An die Stelle der zwingenden, eben beschriebenen Anforderungen an die Form der ordentlichen Testamente treten (ebenso zwingende und) oftmals nicht weniger umständliche Voraussetzungen: Heutzutage ist ein Notar vielleicht eher als der Bürgermeister zu erreichen, bei rückläufigem Analphabetentum ein eigenhändiges Testament leichter zu verfassen, als drei Zeugen aufzutreiben.

Die Vermögensgestaltung nach dem letzten Willen

> **Vorsorgen!**
> Die Nottestamente und auch außerordentlichen Testamente sollten vermieden werden. Rechtzeitig, bei guter Gesundheit vorsorgen!

1.5 Der richtige Inhalt einer letztwilligen Verfügung

Wir haben bereits eine Antwort auf die Frage erhalten, ob überhaupt eine letztwillige Verfügung getroffen werden soll und welche Form hierfür sinnvoll erscheint. Jetzt geht es darum, welcher **Inhalt** gewählt werden muß, damit die Verfügung auch dem letzten Willen des Erblassers gerecht wird.

Im einzelnen geht es dabei um folgende Fragen:

- Die **Erbeinsetzung** – wer soll welchen Anteil am Nachlaß bekommen?
- Die **Enterbung** – gibt es einen Grund, einen Erben von seinem Erbrecht auszuschließen?
- Der **Ersatzerbe** – was passiert, wenn der als Erbe Vorgesehene die Erbschaft nicht will oder vor dem Erblasser verstirbt?
- **Vermächtnis** – wer soll einen bestimmten Geldbetrag oder etwa die Briefmarkensammlung erhalten?
- **Teilungsanordnung, Auflage** oder **Testamentsvollstreckung** – oder sollen die Erben frei entscheiden können, was mit dem Nachlaß passiert?
- **Personen- und Vermögensvorsorge** für minderjährige Kinder – was wird aus noch nicht volljährigen Kindern beim Tode der Mutter oder des Vaters?

1.5.1 Erbeinsetzung – wer soll Erbe werden?
1.5.1.1 Vermeiden der gesetzlichen Erben

Nach der gesetzlichen Erbfolge, die immer dann gilt, wenn der Verstorbene kein Testament hinterlassen oder eine andere letztwillige Verfügung errichtet hat, sind entsprechend dem Grundsatz „Das Gut fließt wie das Blut" und dem Ehegattenerbrecht der Ehegatte, die Kinder, die Geschwister oder Geschwisterkinder wie oben beschrieben nach der Reihenfolge nächster Angehörigkeit berufen. Kein gesetzliches Erbrecht steht dagegen dem nichtehelichen Lebenspartner zu, egal, wie lange und wie gut die Gemeinschaft zu Lebzeiten war. Ein gesetzliches Erbrecht hat auch nicht die Gesellschaft oder die Vereinigung, welcher der Erblasser zu Lebzeiten angehört hat.

> **Vorsorgen!**
>
> Will der Erblasser diese gesetzliche Erbfolge vermeiden, also etwa zu Lebzeiten der Eltern den Bruder oder dessen Sohn (= Neffen) bedenken, oder den nichtehelichen Lebenspartner anstelle der leiblichen Kinder einsetzen, muß ein **Testament** oder eine sonstige **letztwillige Verfügung** errichtet werden.

1.5.1.2 Natürliche und juristische Personen

Als Erben kann der Erblasser die verschiedensten Personen einsetzen, unabhängig davon, ob sie ohne eine letztwillige Verfügung gesetzliche Erben sind oder nicht. Es kommen alle natürlichen Personen in Betracht: die Kinder, der nichteheliche Lebenspartner, der Nachbar, auch mehrere Personen – ob fremd oder nahestehend. Auch Organisationen, also sogenannte **„juristische Personen"** können im Erbwege Zuwendungen erhalten: der Musikverein, die Ordensgemeinschaft, das Krankenhaus, auch internationale Organisationen, solange sie eine eigene Rechtspersönlichkeit besitzen.

Wie bereits erwähnt, ist der Erblasser innerhalb der Gesetze und der guten Sitten in seiner Entscheidung frei, aus welchen Gründen er etwa anstelle seiner Kinder die nichteheliche Lebensgefährtin oder eine gemeinnützige Einrichtung zu seinen Erben bestimmt.

1.5.1.3 Erben genau bezeichnen!

Gleich, für wen und aus welchen Gründen sich der Erblasser für einen Erben entscheidet, sollte er den Erwählten genau und eindeutig mit seinem Namen benennen.

Die „Skatbrüder", die „Verwandten", die „lieben Kolleginnen" – dies alles sind viel zu ungenaue Begriffe, die zu Mißverständnissen über die eigentlich bedachten Personen und damit zu Auslegungsschwierigkeiten des Testaments führen können.

Vorsorgen!

Die Erben so genau wie möglich mit Vor- und Nachnamen bezeichnen:

Mein letzter Wille

Meine Erben sollen zu gleichen Teilen sein:

Mein Sohn Helmut Maier zu $^1/_2$ und meine Lebensgefährtin Sonja Engel ebenfalls zu $^1/_2$.

Freiburg, den 1. 3. 1997

Karl Maier

1.5.1.4 Wer soll was erhalten?

Wieviel der Erbe vom Nachlaß zugewendet bekommen soll, muß ebenso deutlich festgelegt werden. Entgegen dem laienhaften Verständnis geht es bei der Erbeneinsetzung nicht darum, was, d. h.

welchen Gegenstand ein Erbe vom Erblasser erhalten soll; mag der Erblasser etwa auch daran denken, dem Sohn die Eigentumswohnung in der Schubertstraße und dem begeisterten Neffen die Briefmarkensammlung zukommen zu lassen.

Es geht bei der Erbeneinsetzung stets um das **gesamte** Vermögen oder um **Bruchteile** von diesem Vermögen, also z. B. ½, ¼, ⅛, ⅟₁₆ usw. Wie wir bereits gesehen haben, setzt sich das hinterlassene Vermögen, also der Nachlaß, aus den verschiedensten Gegenständen zusammen: aus Immobilien, Forderungen (z.B. Sparguthaben), Bargeld, Hausrat, Schmuck und auch Schulden. Zu leicht könnte ein einzelner Gegenstand vom Erblasser übersehen und vergessen werden, wenn er sich über jeden einzelnen Gedanken machen müßte, wem dieser einmal gehören soll. Deshalb hat der Gesetzgeber mit gutem Grund nur die Zuwendung des gesamten Vermögens oder eines Bruchteils des Vermögens als Erbeinsetzung angesehen. Wird nur ein einzelner Gegenstand, z.B. ein Grundstück oder ein Sparbuch „vermacht", liegt hierin regelmäßig ein Vermächtnis (dazu sogleich) und keine Erbeinsetzung.

> **Vorsorgen!**
>
> Stets das gesamte Vermögen oder Bruchteile hiervon zuwenden!
>
> Eine Erbeinsetzung liegt nur vor, wenn dem Bedachten das **Vermögen als Ganzes** oder ein **Bruchteil** von diesem Vermögen zugewendet wird. Ich empfehle dem Erblasser, denjenigen, der den größten Wert erhalten soll, als Alleinerben einzusetzen und diesen Alleinerben mit Vermächtnissen zugunsten der übrigen Personen zu beschweren.

Dieses Zusammenspiel von Erbeinsetzung und Vermächtnis könnte etwa wie folgt aussehen:

> **Beispiel:**
> Der Nachlaß besteht im wesentlichen aus einem Einfamilienhaus, Hausrat, Bargeld und Schmuck.
>
> *Testament*
> 1. *Mein nichtehelicher Lebensgefährte Karl Maier soll mein Alleinerbe sein.*
> 2. *Meine Nichte Ellen Kaiser erhält als Vermächtnis meinen gesamten Schmuck.*
> 3. *Mein Neffe Oskar soll als Vermächtnis das vorhandene Bargeld erhalten.*
>
> *Freiburg, den 1. 3. 1997*
> *Karin Schubert*

Stets sollte auch beachtet werden, daß die letztwillige Verfügung den gesamten Nachlaß erfaßt: Ist die Nichte nur zu ⅙ und der Neffe ebenfalls zu ⅙ zur Erbschaft berufen, tritt am restlichen Nachlaß von ⅔ die gesetzliche Erbfolge ein.

1.5.2 Der Ehegatte als Erbe – das gemeinschaftliche Testament

Neben den Kindern als blutsverwandte Abkömmlinge des Erblassers steht dem Ehegatten ein eigenes Erbrecht zu, welches im gesetzlichen Güterstand der Zugewinngemeinschaft ½ beträgt (vgl. oben 1. Kapitel 1.2.3). Weil man nicht vorhersehen kann, wer von den Ehegatten zuerst verstirbt und weil bei Familien mit Kindern häufig der Wunsch besteht, daß der überlebende Elternteil als Alleinerbe den gesamten Nachlaß des verstorbenen Ehepartners erhalten soll (ohne daß Kinder oder – für minderjährige Kinder –

das Vormundschaftsgericht bei der Verwaltung und Verfügung des Nachlasses mitreden), ist das **gemeinschaftliche Testament** bei Eheleuten sehr gebräuchlich.

Das Gesetz gewährt den Eheleuten dabei zunächst eine **Formerleichterung** bei der **Errichtung** des gemeinschaftlichen Testaments in Form eines privatschriftlichen Testamentes. Wie wir oben gesehen haben (vgl. 1.4.3), genügt es, wenn ein Ehegatte das Testament niederschreibt und der andere am Ende dieses Testaments erklärt:

„Dies ist auch mein Wille!

Freiburg, den 1. 3. 1997

Eva Maier"

Was können die Eheleute in einem gemeinschaftlichen Testament regeln?

Zunächst ist zu beachten, daß im herkömmlichen gesetzlichen Güterstand der Zugewinngemeinschaft Mann und Frau jeweils eigenes Vermögen gehört und folglich beim Tod des Mannes nicht ein gemeinsames Ehevermögen sondern nur das Vermögen des verstorbenen Ehegatten den Nachlaß bildet, welches nach der gesetzlichen Erbfolge unter der Witwe und den Kindern verteilt wird.

Beispiel:

Hat der Ehemann zu seinen Lebzeiten das Familienheim im Alleineigentum erworben, fällt diese Immobilie nicht in den Nachlaß der verstorbenen Ehefrau, obwohl die Familie in diesem Haus gemeinsam gewohnt hat; stirbt der Mann vor seiner Ehefrau, fällt dieses Haus in den Nachlaß; das Vermögen der Frau bleibt von diesem Erbgang ebenfalls unberührt.

1.5.2.1 Das Berliner Testament – der Ehegatte als Alleinerbe

In einem als **Berliner Testament** bezeichneten gemeinschaftlichen Testament setzen sich die Ehegatten **gegenseitig** als **Alleinerben** ein und bestimmen, daß nach dem Tod des längerlebenden Ehegatten der beiderseitige Nachlaß an einen Dritten, also etwa die Kinder oder Enkelkinder, fallen soll.

Dieses sogenannte Berliner Testament, welches das BGB beim gemeinschaftlichen Testament als gewollt **vermutet** (§ 2269 BGB), geht also von der Vorstellung aus, daß das Vermögen des Mannes und der Frau, welches die Eheleute zu Lebzeiten jeder für sich erworben haben, als eine **Einheit** anzusehen ist. Stirbt ein Ehegatte, soll der überlebende Ehegatte also alleine und ohne Mitsprache von Dritten (Kinder) über den Nachlaß des Verstorbenen wie über sein eigenes Vermögen bestimmen können; erst mit dem Tod des überlebenden Ehegatten sollen die Kinder die freie Verfügungsbefugnis über das gemeinschaftliche Vermögen erhalten.

Das Berliner Testament enthält also eine Kombination der gegenseitigen Einsetzung von **Alleinerben** (der überlebende Ehegatte) und – nach dem Tod des überlebenden Ehegatten – **Schlußerben** (z. B. Kinder).

1.5.2.2 Vor- und Nacherbschaft – was ist gewollt?

Möglich ist auch, daß die Ehegatten nicht von der Einheit ihrer beiderseitigen Vermögen ausgehen wollen und vielmehr das Vermögen des Mannes und der Frau auch im ersten Todesfall **getrennt** behandelt wissen wollen. In diesem Fall wird der überlebende Ehegatte (nur) **Vorerbe** des Verstorbenen und die Kinder **Nacherben**.

> **Beispiel:**
> *Ich, Hans Schuster, bestimme als*
> *meinen letzten Willen:*
> *Meine Ehefrau Ruth, geb. Schneider, soll meine Vorerbin sein; Nacherbe ist mein Sohn Roland, der nur auf dasjenige eingesetzt ist, was von meiner Erbschaft beim Eintritt der Nacherbfolge noch übrig ist.*
> *Karlsruhe, den 1. 4. 1997*
> *Hans Schuster*

Gegenüber dem Berliner Testament – der überlebende Ehegatte kann als Alleinerbe beliebig über den Nachlaß seines verstorbenen Partners verfügen – ist die Anordnung der Vor- und Nacherbschaft für den Vorerben sehr **hinderlich** und umständlich (vgl. unten 1.5.6). Die Vor- und Nacherbschaft sollte folglich nur dann gewählt werden, wenn den Kindern oder Dritten als Nacherben **Kontrollbefugnisse** eingeräumt werden sollen.

> **Vorsorgen!**
> Häufig sind sich die Eheleute des Unterschieds der Einsetzung als Alleinerben oder (nur) Vorerben im Fall des gemeinschaftlichen Testaments nicht bewußt. Formulieren Sie das gemeinschaftliche Testament deshalb klar und deutlich, etwa
> *setze meinen Ehegatten als Alleinerben* oder *als Vorerben*
> ein.
> Bei Unsicherheiten sollten Sie unbedingt einen kompetenten Berater beiziehen.

1.5.2.3 Wiederverheiratungsklausel

Gelegentlich wünschen Eheleute eine Absicherung der ehelichen Treue auch über den Tod hinaus. Wenn ein überlebender Ehegatte sich an dieses Versprechen nicht halten will, soll das errichtete gemeinschaftliche Testament nicht mehr mit dem ursprünglichen Inhalt gelten. Im wesentlichen kommen dabei 3 Lösungen in Betracht:

- Die **bedingte** Nacherbeneinsetzung
  Für den Fall der Wiederverheiratung soll beim Berliner Testament aus dem überlebenden Ehegatten als Alleinerben ein Vorerbe werden; die gemeinschaftlichen Kinder werden in diesem Fall der Wiederverheiratung zu Nacherben.

- Die **unbedingte** Nacherbeneinsetzung
  Haben sich die Eheleute bei der sogenannten Trennungslösung (vgl. 5.2.2) bereits gegenseitig als Vorerben eingesetzt, können sie bestimmen, daß der Nacherbfall nicht erst mit dem Tod des Überlebenden sondern im Fall der Wiederverheiratung eintreten soll. Heiratet der überlebende Ehegatte also erneut, treten die Kinder als Nacherben des verstorbenen Ehegatten in die erbrechtliche Stellung des Vorerben mit der Wiederverheiratung ein.

- **Aufschiebend bedingtes Vermächtnis**
  Etwa zugunsten der Kinder kann ebenfalls die Wiederverheiratung des überlebenden Partners sanktioniert werden.

1.5.2.4 Pflichtteilsansprüche der Kinder – Gefahr für den überlebenden Ehegatten!

Ein ernstes Problem des gemeinschaftlichen Testaments stellen die Pflichtteilsansprüche der Kinder nach dem Tod des zuerst versterbenden Ehegatten dar. Die Kinder werden nämlich regelmäßig durch die Einsetzung des anderen Ehegatten als Alleinerben enterbt.

> **Beispiel!**
>
> Wenn in einem Berliner Testament die Ehefrau ihren Ehemann zum Alleinerben eingesetzt hat und dieser das im Eigentum der verstorbenen Frau befindliche Haus im Wert von 800.000,- DM erhält, sind die Kinder automatisch von der Erbfolge ausgeschlossen, also enterbt. Diese können folglich ihren gesetzlichen Pflichtteil verlangen, der im gesetzlichen Güterstand der Eheleute die Hälfte ihres Erbteils, also ¼ beträgt. Die Kinder können folglich insgesamt 200.000,- DM vom überlebenden Ehegatten fordern. Kann der Witwer im Konfliktfall diesen Betrag aufbringen?

Das gemeinschaftliche Testament birgt also die Gefahr, daß der überlebende Ehegatte einer hohen Geldforderung seitens der Kinder ausgesetzt ist, die er unter Umständen nicht aufbringen kann. Gibt es keine Einigung mit den Kindern, kann leicht die Zwangsversteigerung drohen, damit die fordernden Kinder ausbezahlt werden können.

> **Vorsorgen!**
>
> Eheleute, die sich in einem gemeinschaftlichen Testament gegenseitig als Alleinerben oder Vorerben einsetzen, sollten für den ersten Todes- und Erbfall stets bedenken, daß die enterbten Kinder ihren Pflichtteil fordern können.
>
> Ich empfehle Ihnen, diese Situation genau zu überlegen und mit den Kindern zu besprechen. Durch ein Vermächtnis zugunsten der Kinder, oder lebzeitige Zuwendungen gegen Erbverzicht, kann die Gefahr entschärft werden (vgl. unten 2).

Die Vermögensgestaltung nach dem letzten Willen

1.5.2.5 Gewinnt, wer den Pflichtteil fordert? – Die „Meckerer-Klausel"

Eine weitere Schwierigkeit des gemeinschaftlichen Testaments sollte nicht unbedacht bleiben: Kein Kind kann gehindert werden, seinen Pflichtteil nach dem Tod des erstversterbenden Elternteils beim überlebenden Ehegatten geltend zu machen. Es läuft dabei nicht einmal Gefahr, seine erbrechtliche Stellung im zweiten Erbfall zu risikieren.

Beispiel:
Horst und Inge sind die Kinder des verstorbenen Hans Schneider, der im gemeinschaftlichen Testament seine Ehefrau, mit der er im gesetzlichen Güterstand der Zugewinngemeinschaft lebte, als seine Alleinerbin eingesetzt hat. Der Nachlaß des Vaters beträgt 1 Mio. DM, die Ehefrau ist Eigentümerin eines Hauses, ebenfalls im Wert von 1 Mio. DM.

Verlangt Horst – nicht aber seine Schwester Inge – nach dem Tod seines Vaters von seiner Mutter den Pflichtteil (⅛), bekommt er nach dem Tod der Mutter den gleichen Erbteil, wie seine Schwester, obwohl diese ihren Pflichtteil nach dem Tod des Vaters nicht gefordert hat.

Unterstellt, die Witwe verbraucht aus dem Nachlaß und auch aus ihrem Vermögen nichts, weil sie bis zu ihrem Tode von ihrer Rente und den Zinsen leben kann, sieht die Rechnung wie folgt aus:

Horst erhält nach dem Tod des Vaters:
den geforderten Pflichtteil = ⅛ von
1.000 TDM (Nachlaß des Vaters)   = 125.000,– DM
nach dem Tod der Mutter:
= ½ von 1.875 TDM (restlicher Nachlaß
des Vaters + Nachlaß der Mutter)   = 937.500,– DM
ergibt   1.062.500,– DM

Inge erhält nach dem Tod des Vaters:
keinen Pflichtteil, weil nicht gefordert, sondern

nur nach dem Tod der Mutter ½ von
1.875 TDM = 937.500,– DM.

Das Beispiel zeigt, daß der den Pflichtteil fordernde Horst sich also mit 125.000,– DM besser als seine bescheidene Schwester Inge stellt. Dieses unbefriedigende Ergebnis können die Ehegatten dadurch vermeiden, daß sie eine **Strafklausel** – oder im süddeutschen Sprachgebrauch gelegentlich als „**Meckerer-Klausel**" bezeichnet – in das Testament aufnehmen. Mit einer derartigen Strafklausel soll das Kind, welches nach dem Tod des zuerst versterbenden Elternteils den Pflichtteil fordert, auch nach dem Tod des zuletzt versterbenden Elternteils enterbt sein und ebenfalls nur seinen Pflichtteil fordern können.

Beispiel:

Im vorherigen Beispiel würde dies bedeuten, daß Horst, der nach dem Tod des zuerst versterbenden Vaters seinen Pflichtteil gefordert und erhalten hat, nach dem Tod seiner Mutter ebenfalls nur den Pflichtteil erhält. In diesem Fall wäre wie folgt zu rechnen:

Horst erhält nach dem Tod des Vaters:
den geforderten Pflichtteil = ⅛ von 1.000 TDM
(Nachlaß des Vaters) = 125.000,– DM
nach dem Tod der Mutter:
= ¼ Pflichtteil (= ½ des gesetzlichen Erbteils)
von 1.875 TDM (= restlicher Nachlaß des
Vaters + Nachlaß der Mutter) = 468.750,– DM
ergibt 593.750,– DM

Inge erhält nach dem Tod des Vaters:
keinen Pflichtteil, weil nicht gefordert
sondern nach dem Tod der Mutter:
¾ von 1.875 TDM = 1.406.250,– DM

Mit einer derartigen Strafklausel im gemeinschaftlichen Testament der Eltern hätte es sich Horst sicher überlegt, ob er nach dem Tod des Vaters von seiner Mutter den Pflichtteil hätte verlangen sollen.

> **Formulierungsbeispiel** einer Strafklausel im gemeinschaftlichen Testament:
>
> *... Sollte nach dem Tod des Zuerstversterbenden von uns ein Abkömmling unseren Wunsch der gegenseitigen Einsetzung als Alleinerben nicht respektieren und seinen Pflichtteil im Widerspruch zum überlebenden Ehegatten fordern, so schließt der überlebende Ehegatte ihn und alle seine Abkömmlinge von der Erbfolge aus ...*

Möglich wäre auch eine zusätzliche **Belohnung** des bescheidenen, den Pflichtteil nicht fordernden Kindes.

> **Beispiel:**
>
> *... der Abkömmling, der den Pflichtteil nach dem Tod des Zuerstversterbenden nicht fordert, erhält aus dem Nachlaß des zuerst verstorbenen Elternteils ein Geldvermächtnis, das seinem Pflichtteil entspricht. Dieses Geldvermächtnis fällt erst mit dem Tod des Zweitversterbenden an.*

1.5.2.6 Widerruf eines gemeinschaftlichen Testaments

Ein gemeinschaftliches Testament beinhaltet – wie wir gesehen haben – in Wirklichkeit **zwei letztwillige Verfügungen**: Der Mann verfügt über seinen Nachlaß zugunsten seiner Ehefrau; diese trifft umgekehrt Bestimmungen über ihren Nachlaß zugunsten ihres

Ehemanns. Weil somit beide in einem gemeinschaftlichen Testament zusammengefaßten letztwilligen Verfügungen von einander **abhängig** sind, können die Eheleute nach der Testamentserrichtung diese sogenannten **wechselbezüglichen** Verfügungen nicht mehr einseitig durch eine privatschriftliche Erklärung widerrufen.

Allerdings ist nicht der gesamte Inhalt des gemeinschaftlichen Testaments als wechselbezüglich anzusehen, sondern nur der wichtigste Inhalt einer letztwilligen Verfügung, also etwa

- **Erbeinsetzungen,**

- **Vermächtnisse** und

- **Auflagen.**

Folglich kann etwa die Anordnung einer Testamentsvollstreckung in einem gemeinschaftlichen Testament von einem Ehegatten einseitig widerrufen werden.

Wechselbezügliche Verfügungen, bei denen die Eheleute sich also **gegenseitig** bedacht haben, können wie folgt widerrufen werden:

Zu Lebzeiten beider Ehegatten
Keiner der Ehegatten kann die von ihm getroffene wechselbezügliche Verfügung **einseitig** etwa durch ein privatschriftliches Einzeltestament aufheben. Vielmehr muß der einseitige Widerruf einer wechselbezüglichen Verfügung durch **notariell beurkundete Erklärung** dem anderen Ehegatten **zugestellt** werden oder zugehen. Dadurch wird ein heimlicher Widerruf vermieden; der andere Ehegatte kann sich also ebenfalls überlegen, ob er noch zu dem gemeinschaftlichen Testament stehen will.

Selbstverständlich können die Eheleute **gemeinsam** das gemeinschaftliche Testament durch ein neues gemeinschaftliches Testament oder durch einen Erbvertrag widerrufen.

Nach dem Tod eines Ehegatten
kann der überlebende Ehegatte seine wechselbezüglichen Verfügungen in einem gemeinschaftlichen Testament (also Erbeinsetzun-

gen, Vermächtnisse, Auflagen) **nicht** mehr **widerrufen.** Andernfalls würde der letzte Wille des Verstorbenen vereitelt. Der Überlebende kann sich dieser Einschränkung seiner Testierfreiheit nur durch **Ausschlagung** des ihm Zugewendeten entziehen, wenn ihm überhaupt etwas zugewendet worden ist (§ 2271 BGB).

1.5.3 Enterbung

Das Testament wird oft deshalb gemacht, um gesetzliche Erben auszuschließen, zu denen der Erblasser zu Lebzeiten keinen oder nur einen schlechten Kontakt hatte. Die Enterbung kann auch aus **guter Absicht** sinnvoll sein, etwa weil der Empfänger der Zuwendung überschuldet oder minderjährig ist:

- Der **hochverschuldete** Sohn hat an einer Erbschaft seines Vaters wenig Freude, wenn dessen Gläubiger erst einmal von der Erbschaft erfahren und die Zwangsvollstreckung gegen den nunmehr wieder vermögenden Sohn betreiben. Hier ist es zur Bewahrung des Nachlasses besser, den Sohn zu enterben und die Enkel als Erben einzusetzen.

- Oft sind **minderjährige Erben** mit einem großen Nachlaß überfordert. Der Erblasser sollte in diesem Fall auch an eine Enterbung denken, wenn andere Möglichkeiten der Hilfe – etwa Testamentsvollstreckung, Vor- oder Nacherbschaft – ausscheiden.

1.5.4 Entziehung des Pflichtteils – Gestaltungsmöglichkeiten des Erblassers

Der Zweck des Pflichtteilsrechts, den nächsten Angehörigen eine Mindestbeteiligung am Nachlaß zu sichern, bringt es mit sich, daß die **Gestaltungsmöglichkeiten** des Erblassers **begrenzt** sind. Dieser soll in seiner freien Entscheidung, über sein Vermögen letztwillig zu verfügen, nächste Angehörige jedenfalls nicht völlig übergehen können.

Dies ist auch für die überwiegende Zahl der Fälle gut und richtig: Jedenfalls nach dem Tode sollte Schluß mit den lebzeitigen Streitigkeiten zwischen Eltern und Kindern über die richtige Berufs-, Partnerwahl oder Lebenseinstellung sein. Andererseits will das Gesetz vermeiden, daß etwa mittellose Kinder wohlhabender Eltern oder umgekehrt bedürftige Eltern wohlhabender Kinder dem Sozialamt zur Last fallen. Dem vorzubeugen dient das Pflichtteilsrecht.

1.5.4.1 Erbunwürdigkeitserklärung durch Testament

Nach dem BGB verdient derjenige pflichtteilsberechtigte nahe Angehörige aber keinen Schutz, wenn
- der Abkömmling dem Erblasser, dem Ehegatten oder anderen Abkömmlingen des Erblassers **nach dem Leben trachtet**;
- der Abkömmling dem Erblasser oder dessen Ehegatten von dem der Abkömmling abstammt, vorsätzlich oder körperlich **mißhandelt** oder sich eines Verbrechens oder schweren vorsätzlichen Vergehens schuldig gemacht hat;
- der Abkömmling die ihm gegenüber gesetzlich obliegende **Unterhaltspflicht** böswillig verletzt;
- oder der Abkömmling gegen den Willen des Erblassers einen ehrlosen und unsittlichen Lebenswandel führt; heutzutage bei Lockerung der Sitten nur noch etwa bei der Ausübung der Prostitution oder des gewerbsmäßigen Glücksspiels anzunehmen.

Eine vergleichbare Regelung gibt es auch für Verfehlungen des Ehegatten, des Vaters oder der Mutter. In all den genannten Fällen einer **schweren Verfehlung** gegen den Erblasser verliert der Pflichtteilsberechtigte **nicht automatisch**, etwa von Gesetzes wegen seinen Pflichtteil. Im Gegensatz zu den Fällen der Erbunwürdigkeit – Sohn tötet den Vater – hat es hier der Erblasser in der Hand, über den Pflichtteil zu entscheiden und muß diese Entscheidung auch in einem **Testament** treffen.

Die Vermögensgestaltung nach dem letzten Willen

> **Vorsorgen:**
> Die Pflichtteilsentziehung kann nur durch **letztwillige Verfügung** erfolgen. Der Grund der Entziehung muß im Testament, und zwar so genau wie möglich, angegeben werden.

Ob ein Grund für die Entziehung des Pflichtteils zur Zeit der Errichtung des Testaments bestand, muß später im Prozeß vom Erben bewiesen werden, wenn der Pflichtteilsberechtigte die Verfehlung bestreitet. Der Pflichtteilsberechtigte kann auch einwenden, daß der Erblasser ihm verziehen hat und damit der Grund für die Entziehung später wieder entfallen sei.

1.5.4.2 Pflichtteilsbeschränkung in guter Absicht

Zum Schutz des pflichtteilsberechtigten Angehörigen (Kinder, Ehegatten, Eltern) vor sich selbst oder vor dessen Gläubiger erlaubt es das Gesetz dem Erblasser, das Pflichtteilsrecht zu beschränken. Mit dieser Maßnahme kann ein Erblasser verhindern, daß etwa der seit Jahren drogenabhängige Sohn auch noch den Pflichtteil verschleudert. Die Übertragung des Vermögens auf die nächste Generation kann damit sichergestellt werden.

> **Beispiel:**
> Wegen schlechter Konjunktur ist der erfolgreiche Bauunternehmer Frank mit 50 Jahren in Konkurs geraten. Seine Gläubiger sind in Besitz von Vollstreckungstiteln (Auszug aus der Konkurstabelle) gegen Frank, aus denen die Gläubiger noch 30 Jahre gegen ihn vorgehen können.
> Wenn der vermögende Vater, der mit dem gemeinschaftlichen Testament seine Ehefrau als Alleinerbin eingesetzt hat, verstirbt und Frank unglücklicherweise seinen Pflichtteil fordert – dies wären immerhin ¼ des väterlichen Nachlasses –, wäre der Pflichtteil dem Zugriff der Gläubiger ausgesetzt. Damit

> das Geld in der Familie bleibt, könnte der Vater den Pflichtteil besser den beiden in der Ausbildung befindlichen Töchter von Frank zukommen lassen.

Die Pflichtteilsbeschränkung in **guter Absicht** setzt entweder eine **Verschwendung** oder **Überschuldung** beim Pflichtteilsberechtigten voraus und damit die künftige erhebliche Gefährdung des Pflichtteilserwerbs. Eine Entmündigung des pflichtteilsberechtigten Angehörigen ist nicht erforderlich.

In diesen Fällen hat der Erblasser zwei Möglichkeiten: nämlich
- die **Nacherbeneinsetzung**.
  Hierbei steht der Pflichtteil nicht dem Abkömmling, sondern nach dessen Tod seinem gesetzlichen Erben als Nacherben zu. Mit dieser Maßnahme wird der Abkömmling vor sich selbst geschützt. Er kann den Pflichtteil nicht verbrauchen; seine Gläubiger können in den Pflichtteilsanspruch auch nicht vollstrecken. Selbst das Finanzamt wird hier nicht gesetzlicher Erbe.
- die **lebenslängliche Verwaltung**.
  Mit der **lebenslänglichen Verwaltung** durch einen Testamentsvollstrecker entzieht der Erblasser dem Pflichtteilsberechtigten die Möglichkeit, über den Pflichtteil zu verfügen. Der Pflichtteilsberechtigte braucht zu jeder Verfügung, etwa über das mit dem Pflichtteil erworbene Geld, die Zustimmung des Testamentsvollstreckers. Allerdings kann in einem solchen Fall der Abkömmling den Ertrag beanspruchen, also etwa über die Zinsen verfügen.

> **Vorsorgen!**
> Besteht die Gefahr, daß der Pflichtteil den nächsten Familienangehörigen nicht erhalten bleiben kann, sei es weil etwa der Sohn oder die Tochter das Geld zur Finanzierung ihrer Alkoholsucht benutzen würden oder weil bereits die Gläubiger, etwa das Finanzamt oder Banken, sehnlichst auf den Erbfall

Die Vermögensgestaltung nach dem letzten Willen

> warten, muß der Erblasser mit einem Testament vorsorgen, wenn er den Nachlaß seiner Familie erhalten will.
> Nur mit einer **letztwilligen Verfügung** kann der Erblasser eine lebenslange Testamentsvollstreckung anordnen oder den Pflichtteil einem weiter entfernten Familienangehörigen, etwa dem Enkel, reservieren.

1.5.5 Ersatzerbe

In gleichem Maße, wie sich der Vorsorgende Gedanken macht, wer, beziehungsweise wer nicht Erbe werden soll, sollte er sich auch den Fall überlegen, daß der Auserwählte wie es im Gesetz heißt „wegfällt". Der Berufene, also der vom Erblasser ausgewählte Erbe, ist dann weggefallen, wenn er entweder

- vor dem Erblasser **stirbt**,
- vor dem Eintritt einer Bedingung **stirbt**,
- die Erbschaft **ausschlägt**,
- auf das Erbe **verzichtet** oder
- für **erbunwürdig** erklärt wurde.

Der zuerst berufene Erbe kann auch wegfallen, weil seine Erbeinsetzung unwirksam war oder etwa weil ein übergangener Angehöriger das Testament erfolgreich anficht.

> **Beispiel:**
>
> Im gemeinschaftlichen Testament setzen sich die Ehegatten gegenseitig als Alleinerben und nach dem Tod des zuletzt Versterbenden ihren Sohn als Schlußerben ein.
>
> Wer soll Erbe werden, wenn entgegen der testamentarischen Planung nach dem Vater der Sohn und nicht zunächst die Mutter verstirbt? Oder was soll gelten, wenn der Sohn die Erbschaft nach dem Tode beider Eltern ausschlägt?

In all diesen Fällen tritt etwas ein, mit dem der Vorsorgende nicht gerechnet hat. Er muß sich also überlegen, wer anstelle des ausgewählten Erben treten und diesen ersetzen soll. Über die Berufung als Ersatzerben kann der Erblasser ebenfalls im Testament oder im Erbvertrag eine Bestimmung treffen. Er kann mehrere neben- oder hintereinander einsetzen, er kann Miterben oder Freunde oder auch für die eingesetzten Abkömmlinge deren Abkömmlinge – wie es die **gesetzliche Auslegungsregel** vorsieht – berufen.

Unterbleibt eine Ersatzerbenbestimmung, weil der Erblasser nicht daran gedacht hat oder diesen Fall nicht regeln wollte, schließt das Gesetz diese Lücke:

Sind mehrere Erben eingesetzt und fällt einer der Erben vor oder nach dem Eintritt des Erbfalls weg, so wächst dessen Erbteil den übrigen Erben nach dem Verhältnis ihrer Erbteile an, wobei auch hier das Erbrecht der Abkömmlinge vorgeht.

Mit einer **testamentarischen Ersatzerbeneinsetzung** verhindert der Erblasser, daß der Erbteil des weggefallenen Erben den anderen Erben **anwächst**. Das Recht des Ersatzerben geht dem **Anwachsungsrecht** vor!

> **Beispiel:**
>
> Anton setzt seine beiden Kinder Eva und Hans als Erben ein. Eva heiratet nach der Errichtung des Testaments und hat ebenfalls zwei Kinder. Stirbt Eva vor ihrem Vater, gelten nach der gesetzlichen Regelung ihre beiden Kinder als Ersatzerben. Ihr Erbteil wächst also nicht ihrem Bruder an, sondern gehört zu je ½ den Kindern von Eva.

Diese vernünftige gesetzliche Regel kann gelegentlich jedoch auch zu unerwünschten Ergebnissen führen, etwa bei einer **nichtehelichen Lebensgemeinschaft**.

Mit der Ersatzerbeneinsetzung kann zum Beispiel sichergestellt werden, daß für den als Alleinerben eingesetzten und weggefallenen nichtehelichen Lebenspartner nicht dessen verhaßte Verwandtschaft sondern ein Dritter zum Ersatzerben berufen wird.

> **Beispiel:**
>
> Das nichteheliche Paar Peter und Brigitte verunglückt auf seiner Urlaubsreise bei einem Autounfall. Wenn Peter am Unfallort und die als Alleinerbin eingesetzte Brigitte später im Krankenhaus stirbt, geht der gesamte Nachlaß von Peter – wenn pflichtteilsberechtigte Abkömmlinge nicht vorhanden sind – an die gesetzlichen Erben von Brigitte.

Vor allem bei der nichtehelichen Lebensgemeinschaft sollte also vorgesorgt werden.

> **Vorsorgen!**
>
> Soll der Erbteil des weggefallenen Erben nicht den gesetzlichen Erben **anwachsen** oder zukommen, muß über die Frage des Ersatzerben entschieden werden.

1.5.6 Vor- und Nacherbe
1.5.6.1 Anordnung durch Testament

Mit der Vor- und Nacherbschaft ist ein Weg eröffnet, das Vermögen **zunächst** einem **Vorerben** zu überlassen und zu einem späteren Zeitpunkt etwa aus Anlaß des Todes des Vorerben oder der Volljährigkeit eines Abkömmlings den **Nacherben** endgültig zu bedenken.

> **Vorsorgen!**
> Die Vor- und Nacherbschaft folgt nicht aus einer gesetzlichen Bestimmung heraus, sondern muß stets durch eine letztwillige Verfügung, also ein **Testament** oder einen Erbvertrag besonders angeordnet werden.

Der Nacherbe unterscheidet sich vom Ersatzerben dadurch, daß der Ersatzerbe die Erbschaft sofort nach dem ersten Erbfall erwirbt, während der Nacherbfall stets zeitlich nach dem ersten Erbfall liegt.

> **Beispiel:**
> Die kinderlose Dorothea Steinreich verfügt:
> *Zu meiner Vorerbin setze ich meine jüngste Schwester Rosa ein. Mit ihrem 50. Lebensjahr soll ihr Sohn und mein Neffe Ferdinand Nacherbe werden.*

1.5.6.2 Nichtbefreiter Vorerbe

Mit dem Tod von Dorothea im vorigen Beispiel erbt Rosa den Nachlaß als Vorerbin und zugleich als **Vollerbin**. Sie ist deshalb erbschaftsteuerpflichtig (!) und kann die **Erträge** des Nachlasses verbrauchen.

Weil der Nachlaß jedoch für den Neffen Ferdinand letztlich bestimmt ist, muß Rosa die Substanz des Nachlasses erhalten und darf nichts verschenken. Bei Grundstücken wird ein sogenannter **Nacherbenvermerk** in das Grundbuch eingetragen, der einen möglichen Erwerber über den Umstand der Nacherbschaft informiert. Ohne Zustimmung des Nacherben kann der Vorerbe über die Grundstücke also nicht wirksam verfügen. Dagegen kann der Vorerbe über Forderungen (z.B. Sparguthaben), Wertpapiere oder bewegliches Vermögen auch ohne Zustimmung des Nacherben verfügen. Der Erlös aus diesen Verkäufen kann vom Vorerben aber nicht verbraucht werden und ist wie der Nachlaß selbst zu behandeln, weil er lediglich den weggegebenen Gegenstand ersetzt. Weiter schuldet der Vorerbe dem Nacherben eine **ordnungsgemäße Verwaltung**, Rechnungslegung und bei Gefährdung des Nachlasses sogar eine Sicherheit.

Wegen all dieser Beschränkungen nennt man den Vorerben in diesem Fall **nichtbefreiter** Vorerbe.

> **Vorsorgen!**
> Wegen der Vielzahl von Beschränkungen, die dem Vorerben zur Sicherung des Nachlasses für den Nacherben auferlegt sind und der Vorerbe sogar verpflichtet ist, Erbschaftsteuer zu zahlen, besteht stets die Gefahr, daß der Vorerbe die Erbschaft ausschlägt. Eine nichtbefreite Vorerbschaft kann also nur dann empfohlen werden, wenn dem Vorerben ein Ertrag aus dem Nachlaß gesichert wird, der diese Nachteile ausgleicht. Dabei ist zu beachten, daß sich Bankzinsen, Mieterträge oder Aktiengewinne durch einen Geldwertverlust oder Kurssturz auch verringern können.

1.5.6.3 Nacherbe auf den Überrest

Möglich ist auch eine Regelung im **Testament**, die den Nacherben nur auf den **Überrest** einsetzt. Der Vorerbe ist in diesem Fall von den vorbezeichneten Beschränkungen frei, kann die Substanz der Erbschaft verbrauchen und einen Veräußerungserlös für sich verwenden. Der Nacherbe erwirbt nur noch den Rest der Erbschaft, den der Vorerbe übrig gelassen hat.

1.5.6.4 Befreiter Vorerbe

Zwischen diesen beiden Extremen – nichtbefreiter Vorerbe einerseits und Vorerbe auf den Überrest anderseits – gibt es auch noch eine Zwischenlösung: den **befreiten** Vorerben.

Auch dieser befreite Vorerbe darf nichts aus dem Nachlaß verschenken, er kann aber Grundstücke **ohne Zustimmung** des Nacherben belasten oder veräußern. Auch hier gehört der Erlös zum Nachlaß; der Vorerbe darf nur die Erträge verbrauchen.

1.5.6.5 Vor- und Nacherbschaft – warum?

Mit der Anordnung der Vor- und Nacherbschaft kann ein Vermögen zum Beispiel ein Betrieb in seiner Substanz erhalten und dem Nacherben übertragen werden. Weder der Vorerbe noch die Gläubiger des Vorerben haben Zugriffsmöglichkeiten auf den Nachlaß. Als Ausgleich für seine Verwaltungsleistung verbleiben dem nichtbefreiten Vorerben die Erträge bis zum Nacherbfall.

Der Vorsorgende kann bestimmte Ereignisse zum Nacherbfall bestimmen:

- **Wiederverheiratung** der Witwe,
- **Volljährigkeit** oder
- Beendigung der **Berufsausbildung** des Vorerben oder
- eine gewisse **Zeitspanne** z. B.:

... 10 Jahre nach meinem Tod ...

Tritt das vom Erblasser bestimmte Ereignis, also der Nacherbfall ein, wird der Nacherbe **kraft Gesetzes** Eigentümer.

> **Vorsorgen!**
>
> Mit der Vor- und Nacherbschaft kann das nachzulassende Vermögen für Kinder „reserviert" werden, die infolge ihres geringen Alters oder ihrer fehlenden Ausbildung derzeit noch nicht in der Lage sind, das Vermögen zu verwalten oder einen

Die Vermögensgestaltung nach dem letzten Willen

> Betrieb fortzuführen; dem Vorerben stehen bis zum Eintritt des Nacherbfalls die Erträge aus dem Vermögen zu. Wegen der vielfältigen Beschränkungen sollte der Erblasser jedoch beachten, daß der Vorerbe nicht nur „Steine" sondern auch „Brot" erhält.

1.5.7 Vermächtnis

Der Erblasser ist nicht darauf angewiesen, im Testament einen Erben zu bestimmen, der seinen gesamten Nachlaß oder Teile des Nachlasses (z.B. ½ oder ¼) bekommen soll. Er kann auch **einzelne Gegenstände** seines Vermögens (z.B. das Sparbuch bei der Volksbank, die Briefmarkensammlung, den Brilliantring) jemandem zuwenden, also **vermachen**, ohne diesen damit als Erben einzusetzen.

Beispiel:

Mein Testament

Ich, Erich Mühsam, geboren am 20. 3. 1930, ordne folgendes an:

1. Zu meinem Alleinerben berufe ich meinen Neffen Heinrich Müller, Stuttgarter Str. 100 in Freiburg. Sollte er als Alleinerbe wegfallen, berufe ich an seiner Stelle zu meinem Alleinerben meinen Neffen Hans Schuster, Schwarzwaldstr. 11 in Emmendingen.

2. Ich setze folgende Vermächtnisse aus:

a) zugunsten des Deutschen Roten Kreuzes einen einmaligen Geldbetrag in Höhe von 30.000,- DM;

b) der evangelischen Kirchengemeinde von Buchenbach das 1,20 m x 0,80 m große Ölgemälde eines unbekannten Malers mit dem Titel „Die Auferstehung";

> *c) meiner Haushälterin Erika Meier, jetzt wohnhaft in Steinackerstr. 12, Karlsruhe, ein Geldvermächtnis in Höhe von 20.000,- DM.*
>
> *Freiburg, den 1. 3. 1997*
> *Erich Mühsam*

1.5.7.1 Die drei Bedeutungen des Wortes „Vermächtnis"

Das Wort **Vermächtnis** hat drei verschiedene Bedeutungen:
- **Zuwendung** eines Vermögensvorteils an einen anderen im Testament,
- das **Recht** des Bedachten, von dem oder den jeweiligen Erben den ihm vom Erblasser zugedachten Gegenstand zu verlangen und schließlich nach dem allgemeinen Sprachgebrauch
- den **Gegenstand**, also etwa das Haus, die Geldsumme oder den Ring, den der Erblasser einem anderen vermachen will oder vermacht hat.

Diese drei Wortbedeutungen erhellen, was unter einem Vermächtnis zu verstehen ist. Nämlich:
Der Erblasser kann in einem Testament einem anderen, der nicht Erbe sein muß – der auch Erbe sein kann (sogenanntes **Vorausvermächtnis**) – einen Vermögensvorteil zuwenden. Vermächtnisnehmer kann jede rechtsfähige Person sein, also der Freund, der Musikverein, die Kollegen, der Neffe, auch der noch nicht geborene Enkel des Erblassers.

> **Vorsorgen!**
>
> Auch bei der Aussetzung eines Vermächtnisses sollte der Erblasser genau bestimmen, welcher Person (Bezeichnung mit Vor- und Nachnamen, Anschrift, Geburtsdatum) er welchen Gegenstand vermachen will. Der Vermächtnisgegenstand ist

> so genau wie möglich zu beschreiben, damit er ohne weiteres bestimmt und aus dem Nachlaß entnommen werden kann.

Durch ein Vermächtnis muß ein Vermögensvorteil zugewendet werden, der nicht wie bei der Erbeneinsetzung im ganzen Nachlaß oder in einem Bruchteil des hinterlassenen Vermögens sondern in einem **Gegenstand**, also etwa einem Sparbuch, dem Aktienpaket, dem Grundstück im Gewann Geisacker oder die Briefmarkensammlung besteht.

Im Gegensatz zum Erben erwirbt der Vermächtnisnehmer das Eigentum an der ihm zugewandten Uhr oder der Briefmarkensammlung auch nicht unmittelbar mit dem Tod des Erblassers; vielmehr muß der Vermächtnisnehmer diese Vermächtnisse von dem Erben erst übertragen bekommen. Notfalls muß der Vermächtnisnehmer den Erben verklagen, wenn der Erbe das Vermächtnis nicht freiwillig herausgibt.

1.5.7.2 Wofür ist ein Vermächtnis gut?

Die Anordnung eines Vermächtnisses kann vor allem dann sinnvoll sein, wenn entferntere Verwandte, Bekannte oder auch Organisationen, die nicht Erben werden sollen, einen Geldbetrag bekommen sollen. Möglich ist auch die Zuwendung eines Nießbrauchs.

> **Beispiel:**
>
> Der 80jährige kinderlose Wolfgang Meier bewohnt zusammen mit seiner gleichaltrigen pflegebedürftigen ebenfalls kinderlosen nichtehelichen Lebensgefährtin sein Einfamilienhaus. Beide sind sich darüber einig, nicht mehr heiraten zu wollen und das Haus, den praktisch einzigen Nachlaßwert, einer gemeinnützigen Organisation zukommen zu lassen.
>
> Wenn Wolfgang stirbt und seine Lebensgefährtin zu seiner Alleinerbin eingesetzt hätte, würde diese ohne jeden Freibe-

> trag zur Erbschaftsteuer herangezogen werden. Bei einer geringen Rente könnte die überlebende Lebensgefährtin dadurch gezwungen sein, das Haus zu verkaufen. Besser ist in diesem Fall, daß sie lediglich das **lebenslange Wohnrecht** durch ein Vermächtnis erwirbt und dem Erben die Pflege der gebrechlichen Lebensgefährtin zusätzlich zur Auflage gemacht wird.

Mit dem Vermächtnis kann der Erblasser also gezielt und getrennt nach einzelnen Gegenständen für bestimmte Zwecke einsetzen. Der Vermächtnisnehmer hat den Vorteil, nicht mit der Last der Verwaltung des Nachlasses oder der Auseinandersetzung einer Miterbengemeinschaft belastet zu sein.

> **Vorsorgen!**
>
> Ein Vermächtnis muß stets in einem **Testament** vorgesehen werden. Das Gesetz kennt vom sogleich zu besprechenden sogenannten Voraus und dem Dreißigsten nicht die Zuwendung eines einzelnen Gegenstandes, sondern nur die Erbeneinsetzung als Zuwendung des gesamten Nachlasses oder Bruchteile von diesem. Folglich kann der Erblasser nur mit einer **letztwilligen** Verfügung einzelne Vermögensgegenstände den Hinterbliebenen zuwenden.

1.5.7.3 Die Arten des Vermächtnisses

Nach seinem Inhalt oder nach dem zugewendeten Gegenstand können verschiedene Arten des Vermächtnisses unterschieden werden:

- **Vorausvermächtnis**
  Unter einem Vorausvermächtnis versteht man eine zusätzliche Vermögenszuwendung an den Erben selbst. Erhält der als Miterbe zu ½ neben seiner Schwester eingesetzte Sohn **zusätzlich**

Die Vermögensgestaltung nach dem letzten Willen

den Sportwagen des Vaters, liegt ein Vorausvermächtnis vor. Eine **Teilungsanordnung** wäre dagegen anzunehmen, wenn Sohn und Tochter beide einen gleich hohen Erbanteil erhalten, der Sportwagen also nicht zu einer wertmäßigen Erhöhung des Erbteils führt.

- **Voraus**
  Hierbei handelt es sich um ein gesetzliches Vermächtnis. Dem überlebenden Ehegatten – nicht jedoch dem nichtehelichen Lebensgefährten oder den Mitgliedern einer Wohngemeinschaft – gebühren die zum **Haushalt** gehörenden Gegenstände, also etwa Möbel, Kücheneinrichtung, Teppiche, Geschirr, Haushaltsgeräte. Selbstverständlich bleiben dem überlebenden Ehegatten auch die Hochzeitsgeschenke.

> **Vorsorgen!**
> Soll der Haushalt der Erblasserin, die mit ihrer Schwester das Haus bewohnt hat, bei dieser bleiben, muß die Schwester als Vermächtnisnehmerin im Testament eingesetzt werden.

- **Dreißigster**
  In den ersten 30 Tagen nach dem Tod des Erblassers muß der Erbe dessen Familienangehörigen die Benutzung der Wohnung und des Haushalts gestatten sowie Unterhalt gewähren, wie es der Erblasser getan hat.

  Die praktische Bedeutung dieses aus altdeutschen Rechtsgrundsätzen übernommenen **gesetzlichen** Vermächtnisses ist gering, haben die nächsten Angehörigen doch zumindest ihren Pflichtteil. Umstritten ist, ob dieser Anspruch auch dem nichtehelichen Lebensgefährten zusteht.

- **Anspruch auf Ausbildungsbeihilfe**
  Zu den gesetzlichen Vermächtnissen gehört auch der Anspruch auf die Ausbildungsbeihilfe, welchen etwa die Kinder aus erster Ehe gegen den überlebenden Ehegatten haben. Dies gilt nur,

wenn die Eheleute im gesetzlichen Güterstand der Zugewinngemeinschaft lebten.

- **Wahlvermächtnis**
  Ein Wahlvermächtnis ist in folgendem Beispiel anzunehmen:

> **Beispiel:**
> *Meine Nichte kann aus meiner Kunstsammlung ein Exemplar aussuchen.*

Wie der Name sagt, kann hier der Vermächtnisnehmer (die Nichte) auswählen, welches Bild er will. Ein Wahlvermächtnis ist also nur dann sinnvoll, wenn die zugewandten Vermächtnisgegenstände etwa den gleichen Wert haben.

- **Gattungsvermächtnis**
  Von einem Gattungsvermächtnis spricht man in den Fällen, in denen der Erblasser die vermachte Sache nur der Gattung nach bestimmt hat.

> **Beispiel:**
> *Meiner Enkelin Nicole Müller vermache ich aus meiner Puppensammlung insgesamt 10 Exemplare.*

Die Auswahl der 10 Puppen trifft hier der beschwerte Erbe „nach den Verhältnissen" der Enkelin: Ist die Enkelin ebenfalls Sammlerin von Puppen, wird sich die Auswahl eher auf Raritäten der Sammlung konzentrieren.

- **Zweckvermächtnis**
  Der Erblasser kann bei der Anordnung eines Vermächtnisses, dessen Zweck er bestimmt hat, die Bestimmung der Leistung nach billigem Ermessen des Beschwerten oder eines Dritten überlassen (§ 2156 BGB).

Die Vermögensgestaltung nach dem letzten Willen

> **Beispiel:**
>
> *Mein Enkel soll die Mittel für seine Ausbildung als Zahnarzt erhalten. Die Höhe der hierfür erforderlichen Mittel wird durch meinen Freund und Leiter der Kassenzahnärztlichen Vereinigung – bei dessen Wegfall von dessen Nachfolger – bestimmt.*

- Geldvermächtnis
  Bei einem Geldvermächtnis wendet der Erblasser jemandem einen bestimmten **Geldbetrag** zu, den der Erbe aus dem Nachlaß an den Vermächtnisnehmer auszuzahlen hat.
- Forderungsvermächtnis

> **Beispiel:**
>
> *Meine Tochter Eva erhält zu ihrem Erbteil noch mein Sparbuch bei der Baden-Württembergischen Bank.*

Hier erwirbt Eva nicht nur ihren Erbteil, sondern im Sinne eines Vorausvermächtnisses auch das Sparguthaben, also die Forderung der Mutter gegen die Bank.

- Befreiungsvermächtnis

> **Beispiel:**
>
> Karl war bei Erich hochverschuldet und hat sich zu Lebzeiten von Erich aber ernsthaft bemüht, den Schaden wieder gut zu machen. Bis auf etwa 10.000,– DM konnte Karl seine Schulden zurückzahlen.

Erich verfügt:

> *Karl erlasse ich die Restschuld von 10.000,- DM, die ich ihm bislang gestundet habe.*

- **Verschaffungsvermächtnis**
  Weil der Erblasser nur über sein eigenes Vermögen verfügen kann, bestimmt das Gesetz, daß der Gegenstand eines Vermächtnisses zur Zeit des Erbfalls zur Erbschaft gehört haben muß. Von diesem Grundsatz gibt es jedoch mit dem **Verschaffungsvermächtnis** eine wichtige Ausnahme. In diesem Fall hat der beschwerte Erbe dem Vermächtnisnehmer einen noch nicht zum Nachlaß gehörenden Gegenstand zu verschaffen. Gelingt dies dem beschwerten Erben nicht – eine seltene Briefmarke kann nicht erworben werden – haftet der beschwerte Erbe auf den entsprechenden Geldersatz.

- **Verbotenes Vermächtnis**
  Selbstverständlich kann der Erblasser kein Vermächtnis anordnen, das dem Erben unmögliche oder verbotene Handlungen auferlegt.

1.5.8 Auseinandersetzungsregelungen

In einem Testament kann der Erblasser auch anordnen, was die Erben mit dem Nachlaß machen und wie sie sich **auseinandersetzen** sollen. Mit derartigen **Auseinandersetzungsregelungen** können unterschiedliche Ziele verfolgt werden:

1.5.8.1 Ausschluß der Auseinandersetzung

Hat der Erblasser ein Interesse daran, daß sein Nachlaß zusammenbleibt, wird er seinen Erben die Aufteilung des Nachlasses untersagen. Dieses Verbot wirkt aber längstens für einen Zeitraum von 30 Jahren.

Auch ist zu beachten, daß sich die Miterben über eine derartige negative Auseinandersetzungsanordnung **einstimmig** hinwegsetzen können, wenn sie dennoch die Auseinandersetzung beschließen.

> **Vorsorgen!**
>
> Ein derartiger Auseinandersetzungsausschluß sollte entweder durch einen Testamentsvollstrecker oder dadurch abgesichert werden, daß die Erben unter der auflösenden Bedingung der Auseinandersetzung eingesetzt sind. Wer die Auseinandersetzung fordert, verliert sein Erbrecht.
>
> Ein Auseinandersetzungsauschluß ist vor allem dann sinnvoll, wenn etwa ein größerer Immobilienbesitz so lange zusammengehalten werden soll, bis die minderjährigen Erben das nötige Alter haben, welches sie vor dem Verschleudern ihrer Erbschaft bewahren sollte.

1.5.8.2 Teilungsanordnung

Mit Hilfe einer **Teilungsanordnung** ordnet ein Erblasser in seinem Testament an, welcher Erbe welche Gegenstände erhalten soll.

> **Beispiel:**
>
> Die beiden Kinder Hans und Mareike beerben ihre verwitwete Mutter alleine. Das elterliche Haus bekommen beide zum hälftigen Miteigentum; Hans soll nach dem Testament der Mutter die wertvolle Briefmarkensammlung, Mareike den Schmuck erhalten.

Solange Schmuck und Briefmarkensammlung den **gleichen** Wert haben, liegt eine **Teilungsanordnung** vor. Im Unterschied hierzu spricht man vom **Vorausvermächtnis**, wenn ein Erbe über seinen Erbteil hinaus eine Zuwendung erhalten soll.

> **Vorsorgen!**
>
> Der Erblasser sollte deutlich machen, ob er lediglich innerhalb den Wertverhältnissen der Erbanteile regeln will, wer welche Gegenstände bekommen soll (dann: **Teilungsanordnung**), oder ob er einem Erben – über dessen Erbteil hinaus – einen weiteren Vermögensvorteil zukommen lassen will (**Vorausvermächtnis**).

Der Unterschied ist vor allem deshalb praktisch sehr wichtig, weil eine Teilungsanordnung nur für den gilt, der Erbe geworden ist. Dagegen setzt das Vermächtnis nicht voraus, daß der Begünstigte auch Erbe geworden ist. Er kann vielmehr die Erbschaft ausschlagen und das Vermächtnis behalten.

> **Beispiel:**
>
> Maria ist neben ihrer Schwester Eva die nichtbefreite Vorerbin ihres Onkels Theodor, der sein Vermögen der Kirche als Nacherbin zukommen lassen wollte. Weiter hat Theodor zugunsten der Schwestern angeordnet, daß diese zusätzlich 100.000,– DM erhalten sollen. Wenn hier Maria die Erbschaft ausschlägt, kann sie dennoch das Vermächtnis verlangen.

1.5.9 Auflage

Der Erblasser kann dem Hinterbliebenen nicht nur als Erben ein Recht am Nachlaß zukommen lassen, er kann auch durch Testament den Erben oder Vermächtnisnehmer zu einer **Leistung** verpflichten.

Die Vermögensgestaltung nach dem letzten Willen

Die häufigsten Fälle einer derartigen **Verpflichtung** sind:
- die **Grabpflege**,
- für eine standesgemäße **Bestattung** zu sorgen.

Möglicher Inhalt einer **Auflage** kann weiter sein:
- Zuwendung einer Geldsumme zu wohltätigen Zwecken oder Übergabe einzelner Raritäten einer Uhrensammlung an ein Museum.

Eine durch die Auflage begünstigte Person braucht nicht vorhanden zu sein, wie das Beispiel der Grabpflege zeigt. Ist jedoch ein Begünstigter vorhanden (das Uhrenmuseum), kann dieser die Erfüllung der Auflage von den Erben nicht verlangen. In diesem Fehlen eines Rechtsanspruchs des Begünstigten liegt der Unterschied zu einem Vermächtnis und zugleich die praktische **Gefahr**, daß eine Auflage nicht vollzogen wird. Liegt die Vollziehung dagegen im öffentlichen Interesse, kann der Staat (Regierungspräsidium) den Auflagenvollzug verlangen.

Vorsorgen!
Ist dem Erblasser die Erfüllung einer Auflage wichtig, sollte er eine bestimmte Person im Testament mit der Vollziehung der Auflage beauftragen und ihr unter Umständen ein eigenes Klagerecht einräumen. Zu diesem Zweck kann er auch einen Testamentsvollstrecker einsetzen.

1.5.10 Testamentsvollstrecker

Mit Hilfe eines Testamentsvollstreckers, also einer fortlebenden Person, kann ein Erblasser sicherstellen, daß sein letzter Wille in der Nachwelt verwirklicht oder wie es das Gesetz formuliert, das Testament **vollstreckt** wird.

Die Anordnung der Testamentsvollstreckung ist dann sinnvoll, wenn der Nachlaß nicht den unterschiedlichen Interessen der Hinterbliebenen ausgesetzt werden soll, sondern der Erblasser mit dem

Nachlaß bestimmte **Ziele verwirklichen** will, die er infolge seines Todes nicht mehr selbst verfolgen kann.

So unterschiedlich diese Absichten sein können, so unterschiedlich sind auch die Aufgaben eines Testamentsvollstreckers, zeitlich wie auch ihrem Inhalt nach. Seine Aufgaben können sich darauf beschränken, eine bestimmte Art der Bestattung sicherzustellen, wie sie auch umfassend die Weiterführung eines großen Betriebs beinhalten können. Zwischen diesen beiden Extremen gehört **üblicherweise** zu den **Aufgaben** eines Testamentsvollstreckers in bezug auf den Nachlaß etwa

- die Gegenstände des Nachlasses in Besitz zu nehmen und für die Erben zu sichern;
- Nachlaßgegenstände instand zu halten und zu bewirtschaften;
- den Nachlaß entsprechend dem Testament an die Bedachten zu verteilen und die Anordnungen des Erblassers zu vollziehen;
- Vermächtnisse zu erfüllen, z. B. „Mein Neffe erhält meine Bundesschatzbriefe ..."
- Grundstücke an einen Vermächtnisnehmer aufzulassen;
- die Auseinandersetzung unter den Miterben zu bewirken, also etwa ein Grundstück zu verkaufen und den Erlös aufzuteilen;
- ein hinterlassenes Mietshaus bis zur Volljährigkeit des Erben zu verwalten, in dessen Namen Mietverträge mit den Vermietern abzuschließen, Mieteingänge zu kontrollieren und notfalls gerichtlich einzuklagen;
- ein Nachlaßverzeichnis aufzustellen;
- die Erbschaftsteuererklärung abzugeben und die Nachlaßverbindlichkeiten zu berichtigen.

Damit der Testamentsvollstrecker sein Amt ausführen kann, ist ihm das **Verfügungsrecht** über den Nachlaß eingeräumt. Er kann folglich Verträge abschließen, kündigen, Prozesse führen und ist nur insofern beschränkt, als er vom Nachlaß nichts verschenken darf. Dagegen können die Erben, solange die Testamentsvollstreckung besteht, nicht über den Nachlaß verfügen.

> **Vorsorgen!**
> Die Testamentsvollstreckung muß in einem **Testament** angeordnet werden. Im Falle der gesetzlichen Erbfolge, die nur anstelle des nichtgebildeten letzten Willens tritt, gibt es demnach auch keine Testamentsvollstreckung.

Der Erblasser tut gut daran, sich in Zeiten guter Gesundheit nach einer geeigneten Person umzusehen, welcher er vertraut und die er als Testamentsvollstrecker auswählt. Der Testamentsvollstrecker kann jemand aus der Familie – auch ein Erbe –, z. B. der Sohn oder der Ehegatte, sein. Bei einer gewünschten **Dauer- oder Verwaltungsvollstreckung** tut der Erblasser gut daran, eine jüngere Person als Testamentsvollstrecker einzusetzen, wie er auch stets beachten sollte, daß der Testamentsvollstrecker ebenfalls wegfallen kann. Bei einer Verwaltungsvollstreckung, die über einen bestimmten Zeitraum aufrechterhalten bleiben soll, ist deshalb die Einsetzung eines **Ersatz-Testamentsvollstreckers** sinnvoll.

Befürchtet der Erblasser einen Streit unter den Erben oder ist ihm an einer unparteilichen Amtsführung gelegen, sollte er eine neutrale Person, z. B. einen berufsmäßig Standespflichten unterworfenen Rechtsanwalt als Testamentsvollstrecker einsetzen. Es ist kein Schaden, wenn man die Frage der Testamentsvollstreckung mit dem Berufenen bespricht, um dessen Geeignetheit zu prüfen. Testamentsvollstrecker kann dagegen nicht der Notar sein, der für den Erblasser das Testament beurkundet hat; dies hat das Beurkungsgesetz wegen der Gefahr von Interessenkonflikten verhindert.

1.5.11 Personen- und Vermögenssorge für Minderjährige

Junge Familien machen sich nicht selten Gedanken darüber, was mit ihren Kindern geschehen soll, wenn sie etwa bei einem Autounfall ums Leben kommen. Die Eltern interessieren sich dabei nicht so sehr, wer ihre Ersparnisse erben wird, sondern vielmehr wer einmal ihre Kinder versorgen und für sie dasein soll.

Auch dieses Problem kann mit einer **letztwilligen Verfügung** gelöst werden: Die Eltern können in einem Testament anordnen, wer im Falle ihres Wegfalls die **Personen- und Vermögenssorge** für ihre Kinder als **Vormund** übernehmen soll. Geschieht dies nicht, muß im Todesfall der Eltern das Vormundschaftsgericht eine Bestimmung des Vormunds treffen.

> **Vorsorgen!**
>
> Bei einem Testament von jungen Eltern sollte die **Personen- und Vermögenssorge** der minderjährigen Kinder durch Benennung eines Vormunds geregelt werden. Dies insbesondere dann, wenn die nächsten Angehörigen, die vom Vormundschaftsgericht zunächst berücksichtigt würden, als ungeeignet für diese Aufgabe erscheinen.

1.5.12 Errichtung einer Stiftung

Fehlen nahe Verwandte, wird bei einem großen Nachlaß auch zu überlegen sein, ob nicht mit der Errichtung einer Stiftung ein bestimmter Zweck gefördert oder verfolgt werden soll. Der Erblasser kann mit einer **Stiftung** auf lange Zeit sein Vermögen ungeteilt einem sinnvollen Zweck zur Verfügung stellen und zugleich durch die Namensgebung dafür sorgen, daß sich die Nachwelt an ihn besinnt.

So kommen Stiftungen für die Behandlung, Erforschung bestimmter Krankheiten, für gesellschaftliche, kirchliche, politische oder wissenschaftliche Zwecke in Betracht.

Eine Stiftung kann nicht nur zu Lebzeiten des Stifters durch ein Rechtsgeschäft unter Lebenden sondern auch etwa durch ein **Testament** oder einen **Erbvertrag**, also für den Todesfall, errichtet werden. Verfolgt der Erblasser mit einer Stiftung ausschließlich gemeinnützige Zwecke, kommt die Stiftung in den Genuß der **Steuerfreiheit** gemeinnütziger Einrichtungen. In diesem Fall steht also der Nachlaß für den gemeinnützigen Stiftungszweck ganz zur Verfügung.

> **Vorsorgen!**
> Allerdings wird die Errichtung einer Stiftung nur in Ausnahmefällen und wegen der damit verbundenen Verwaltungsarbeit stets nur in Verbindung mit einer Testamentsvollstreckung in Betracht kommen. Vorrangig sollten Sie prüfen, ob ein gemeinnütziger Zweck nicht etwa durch ein Geldvermächtnis oder durch eine Erbeneinsetzung einer bereits bestehenden Stiftung sinnvoller verfolgt werden kann.

1.5.13 Bestattungsbestimmung – welches Grabmal?

Die **nächsten Angehörigen** eines Verstorbenen haben das Recht und die Pflicht zur Bestattung. Die **Totenfürsorge** ist also nicht die Sache der testamentarisch eingesetzten oder gesetzlichen Erben, sondern die der nächsten Familienangehörigen. Wer von ihnen in welcher Reihenfolge für die Bestattung zuständig ist, ergibt sich auch heute noch aus dem **Feuerbestattungsgesetz** aus dem Jahre 1934.

Der Wille des Ehegatten geht dem der Verwandten, der Wille der Kinder oder deren Ehegatten dem der übrigen Verwandten vor. Sind keine Angehörigen vorhanden, hat derjenige für die Bestattung zu sorgen, der die Beerdigungskosten zu tragen hat, also der **Erbe**.

Auf welche **Art und Weise** die Bestattung zu erfolgen hat, richtet sich nach dem **Willen des Verstorbenen**. Die Angehörigen müssen also den in einem **Testament** oder auch **formlos** geäußerten Wunsch des Verstorbenen beachten. Folgende Anordnungen kann der Vorsorgende treffen:

- **Bestattungsart**
  Wenn ein Mensch eine **Feuerbestattung** wünscht, muß er dies in einer eigenhändig geschriebenen und unterschriebenen Erklä-

rung, durch ein Testament beziehungsweise eine sonstige letztwillige Verfügung oder eine öffentlich beurkundete Erklärung anordnen (§ 4 Feuerbestattungsgesetz). Ohne eine derartige Erklärung bleibt es bei der Beerdigung.

- **Bestattungsort**
  Den Bestattungsort kann der Erblasser durch eine **formlose Erklärung** festlegen.

- **Auswahl des Grabmals**
  und die **Beschriftung des Grabsteins** kann der Erblasser ebenfalls im Testament festlegen.

- **Umbettung**
  Zur späteren **Umbettung** einer Leiche oder Urne sowie der Exhumierung sind ebenfalls die Angehörigen nur dann berechtigt, wenn sie einen wichtigen Grund angeben können.

> Vorsorgen!
>
> In einem Testament kann der Erblasser die **Art der Bestattung**, die **Auswahl des Grabes** – Doppelgrab, Reihengrab –, den **Grabstein** oder die **Beschriftung** und auch die spätere **Grabpflege** etwa durch eine Auflage festlegen. Dabei ist die jeweilige Friedhofsordnung zu beachten.

1.5.14 Organspende

Die Organspende setzt nicht voraus, daß ein Spender sie durch ein Testament oder eine letztwillige Verfügung bewilligt hat. Ausreichend ist vielmehr jede **formlose Erklärung**. Im übrigen sollte die Anordnung der Organspende in einem Testament vermieden werden, weil das Testament oftmals erst Tage nach dem Tod aufgefunden werden kann und das Gewebe des Organes dann nicht mehr lebensfähig ist.

Besser ist eine bei sich getragene **Organspende-Erklärung**, die etwa beim

Die Vermögensgestaltung nach dem letzten Willen 135

> Arbeitskreis Organspende
> 63235 Neu-Isenburg,
> Postfach 1562

bezogen werden kann.

Liegt kein Organspendeausweis vor, können die nächsten Angehörigen einer Organentnahme zustimmen.

Vorsorgen!

Sprechen Sie in Ihrer Familie über die Organspende, damit jedes Familienmitglied weiß, wie der andere zu diesem Thema steht.

1.5.15 Patiententestament

Die Aussicht auf unsinnige Schmerzen oder eine Bewußtlosigkeit bis zum Tod, ohne die geringste Chance auf eine Gesundung, sind Umstände, welche die Frage nach dem **humanen Sterben** aufwerfen. In einem sogenannten **Patiententestament** kann folglich angeordnet werden, daß künstliche lebensverlängernde Maßnahmen unterbleiben sollen, wenn keine Chance mehr besteht, von schwersten Leiden (etwa völlige Bewußtlosigkeit) zu genesen. Möglich ist auch die Anordnung, Medikamente zur Linderung der Schmerzen zu erhalten, obgleich dabei in Kauf genommen werden muß, daß der Tod früher als ohne diese Medikamente eintreten würde.

Vorsorgen!

Ein derartiges Patiententestament sollte ebenfalls nicht im häufig erst nach dem Tod aufgefundenen Testament sondern wie der Organspendeausweis an einem für Familienangehörige oder sonstige nahestehenden Personen zugängigen Ort aufbewahrt werden.

1.6 Widerruf und Änderung einer letztwilligen Verfügung

Nicht selten treten nach der Errichtung eines Testaments Umstände ein, welche seinen Verfasser zur **Änderung** oder gar zum **Widerruf** seines in einer letztwilligen Verfügung niedergelegten letzten Willens veranlassen: Der Sohn erweist sich zur Übernahme eines handwerklichen Betriebs ungeeignet, die Eheleute oder die nichtehelichen Lebenspartner leben zwischenzeitlich getrennt oder die Familie hat Nachwuchs erhalten.

Weil in einem Testament lediglich der letzte Wille enthalten ist, kann jeder sein Testament **ohne eine Begründung** widerrufen oder ändern. Nur bei den wechselbezüglichen Verfügungen in einem gemeinschaftlichen Testament (vgl. oben Abschnitt 1.5.2) sind die Eheleute beim Widerruf nicht mehr frei. Selbstverständlich ist auch der Widerruf oder die Veränderung des Testaments selbst wieder eine letztwillige Verfügung, weshalb der Verfasser einer Widerrufserklärung **testierfähig** sein und **persönlich handeln** muß. Ein Testament oder eine letztwillige Verfügung kann **ganz** oder auch nur **teilweise** geändert werden.

> Vorsorgen!
>
> Beim Widerruf einer letztwilligen Verfügung sollte genau überlegt werden, ob das ganze Testament oder nur Teile hiervon entfallen sollen. Unklarheiten vermeiden! Im Zweifel ein neues formvollendetes Testament errichten.

Herkömmlich werden drei Arten des Widerrufs unterschieden:

- Widerruf durch ein **neues Testament**,
- **Veränderungen** am bestehenden Testament und
- **Rückgabe** eines öffentlichen Testaments aus **besonderer amtlicher Verwahrung**.

1.6.1 Widerruf durch ein neues Testament

Wie bekannt, hat nur das **letzte** oder **neue Testament** Gültigkeit. Der Verfasser eines Testaments bräuchte also das frühere Testament gar nicht erwähnen. Wenn das neue Testament in Widerspruch zum früher errichteten Testament steht, verliert das frühere Testament automatisch seine Wirkung.

> **Vorsorgen!**
> Dennoch empfehle ich auch hier, möglichst klare Bestimmungen zu treffen, etwa mit folgendem Zusatz im neuen Testament:
>
> *„Unter Widerruf meines Testaments vom 01.03.1987, erkläre ich meinen letzten Willen wie folgt...."*

Umgekehrt ist natürlich auch möglich, daß der Erblasser ein reines **Widerrufstestament** verfaßt, um es künftig bei der gesetzlichen Erbfolge zu belassen.

> **Beispiel:**
>
> *Mein letzter Wille*
> *Hiermit widerrufe ich mein Testament vom 14.01.1986.*
> *Freiburg, den 01.03.1997*
> *Franz Meier*
>
> Mit einem derartigen Widerrufstestament wird das frühere Testament wirkungslos. Die gesetzliche Erbfolge tritt in Kraft.

1.6.2 Widerruf durch Vernichtung oder Veränderung einer letztwilligen Verfügung

Ein Testament kann auch dadurch widerrufen werden, daß der Erblasser in der **Absicht**, es aufzuheben, die Testamentsurkunde **vernichtet** oder **Veränderungen** vornimmt (§§ 2255 ff. BGB).

Hierher gehören die Fälle des Durchstreichens des gesamten Testaments oder einzelner Teile, des Zerreißens der Urkunde oder aber auch die Anbringung eines Ungültigkeitsvermerks. Voraussetzung für die Wirksamkeit eines derartigen Widerrufs ist, daß die Streichung oder Veränderung mit dem **Willen** des Erblassers erfolgt. Der unfreiwillige Verlust oder Vernichtung eines Testaments macht dieses nicht unwirksam.

> **Beispiel:**
>
> Bei einem Wohnungsbrand wird ein handschriftliches Testament zerstört, während der Bewohner eine schwere Rauchvergiftung erleidet, die später im Krankenhaus zum Tode führt. Das Testament ist wirksam, muß aber vom Hinterbliebenen, der Rechte aus dem Testament herleitet, voll bewiesen werden (etwa durch Zeugen, denen der Erblasser das Testament gezeigt hat oder unter Umständen durch Vorlage von Fotokopien).

1.6.3 Rückgabe eines öffentlichen Testaments aus der besonderen amtlichen Verwahrung

Unwiderleglich als Widerruf sieht das Gesetz die **Rückgabe** eines **öffentlichen Testaments**, also eines vor einem Notar errichteten Testaments aus der besonderen amtlichen Verwahrung, an, selbst wenn der Erblasser sein Testament gar nicht widerrufen, etwa weil er es lediglich zuhause aufbewahren oder jemandem zeigen wollte.

Dagegen kann das **privatschriftliche Testament** beliebig aus der besonderen amtlichen Verwahrung genommen werden, ohne daß damit ein Widerruf verbunden wäre. Dieses bleibt wirksam.

1.6.4 Widerruf des gemeinschaftlichen Testaments

Vergleiche zum Widerruf des gemeinschaftlichen Testaments von Ehegatten oben Abschnitt 1.5.2 ff).

2 Andere Möglichkeiten der Vorsorge

2.1 Die vorweggenommene Erbfolge
2.1.1 Zuwendungen gegen Erbverzicht

Neben dem Testament und dem Erbvertrag gibt es auch noch andere Möglichkeiten, mit denen ein Haus- und Wohnungseigentümer vorsorgen kann. Ohne auf die besprochenen **letztwilligen** Verfügungen angewiesen zu sein, die erst nach dem Tode des Erblassers Wirkung zeigen, kann jedermann auch schon zu **Lebzeiten** wirksam sein Vermögen im Hinblick auf sein Ableben gestalten.

Mit

- einem Sparbuch,
- der Übergabe einer Wohnung oder eines Hauses oder
- dem Abschluß einer Lebensversicherung oder der Änderung der Bezugsberechtigung

kann die Tante ihre Nichte oder der Großvater seinen Enkel auch schon zu Lebzeiten beschenken und damit die spätere Erbfolge praktisch vorwegnehmen. Deshalb können die in diesem Abschnitt zu besprechenden Formen der Vorsorge unter dem Begriff der **vorweggenommenen Erbfolge** zusammengefaßt werden.

Von einer vorweggenommenen Erbfolge kann korrekterweise aber nur dann gesprochen werden, wenn der Begünstigte oder Beschenkte, jedenfalls im Umfang des Geschenks auf seine künftige **erbrechtliche Stellung verzichtet.** Andernfalls würde der Beschenkte zu Lebzeiten und beim Todesfall von der Gunst des Erblassers profitieren. In der Praxis werden also Schenkungen insbesondere von werthaltigen Immobilien sehr häufig mit einem mindestens auf den geschenkten Gegenstand beschränkten **Erbteils- oder Pflichtteilsverzicht** (vgl. unten) des Empfängers der Zuwendung kombiniert.

2.1.2 Ziele der vorweggenommenen Erbfolge

Mit der vorweggenommenen Erbfolge kann der (künftige) Erblasser die unterschiedlichsten Ziele und Absichten verfolgen. Er ist nicht darauf beschränkt, sein Vermögen vorzeitig an seine Nachkommen zu verteilen oder abzugeben, sondern kann sich von den Empfängern der Zuwendungen auch bestimmte Gegenleistungen versprechen lassen. Zu Lebzeiten kann er also seinen Immobilienbesitz oder sein anderweitiges Vermögen schrittweise auf die folgende Generation übertragen und selbst Einfluß auf das weitere Schicksal des angesparten Vermögens nehmen.

Die wichtigsten Ziele der vorweggenommenen Erbfolge sind:

- **Nachfolge** in einem landwirtschaftlichen, gewerblichen oder auch wohnungswirtschaftlichen **Betrieb** etwa durch eine schrittweise Übergabe eines Immobilienbestandes im Rahmen einer zu gründenden Familiengesellschaft.

  Die im Vergleich zu früheren Zeiten gesteigerte Lebenserwartung bringt es mit sich, daß die jüngere Generation schon in einer Zeit in das Erwerbsleben eintritt, in der die „ältere" erst in der Lebensmitte steht. In dieser Situation eröffnet die vorweggenommene Erbfolge die Möglichkeit des schrittweisen Hineinwachsens in den elterlichen Betrieb, indem der Jüngere Teile des Vermögens übertragen erhält und der Ältere sich Einflußmöglichkeiten vorbehält.

- **Erhaltung** des elterlichen Betriebs als **Einheit**, wobei ein Sohn den Betrieb vollständig übernimmt und die übrigen Kinder „ausbezahlt" werden (vgl. unten Abschnitt Erbverzicht gegen Abfindung).

Andere Möglichkeiten der Vorsorge 141

- Sicherung der **Pflege im Alter** oder bei **Krankheit**. Die Übertragung eines Hauses gegen das Versprechen, den Vater, die Tante oder die Großmutter in gesunden oder kranken Tagen zu pflegen, ist ein häufiges Motiv für die vorweggenommene Erbfolge.

- Sicherung des **Wohnens** im **Alter**. Wenn die Kinder ausgeflogen sind, kann das Haus oder die Pflege des Gartens schnell zu aufwendig und zur Last werden. Die teilweise Vermietung des Hauses bringt oft nur Ärger, der wegen des sozialen Kündigungsschutzes vom Hauseigentümer nicht mehr einseitig beendet werden kann. In dieser Situation kann die Übergabe des Hauses an einen Nahestehenden gegen Einräumung eines lebenslangen Nießbrauchs oder eines Wohnrechts die Möglichkeit des **betreuten Wohnens** im Alter eröffnen.

- **Vermeidung** eines sich abzeichnenden **Streits** zwischen den künftigen Erben oder zwischen den ehelichen und nichtehelichen Kindern.

Durch einen vorzeitigen Erbausgleich in Geld gegen Verzicht auf das Erb- und Pflichtteilsrecht kann der Vorsorgende verhindern, daß zwischen zerstrittenen Kindern eine Erbengemeinschaft gebildet werden muß, und der sich abzeichnende Streit nach dem Tod des Erblassers das vorhandene Vermögen aufzehrt. Diese Form des **vorzeitigen Erbausgleichs** ist für nichteheliche Kinder gesetzlich vorgesehen.

- Schutz und **Fürsorge** für eine **nahestehende Person**. Oftmals besser als durch eine erbrechtliche Auflage oder ein Vermächtnis, kann der künftige Erblasser durch eine lebzeitige Zuwendung sich einer nahestehenden Person erkenntlich zeigen. Liegen zwischen der Zuwendung und dem Tod des Erblassers mehr als 10 Jahre, schuldet der Beschenkte dem Pflichtteilsberechtigten keinen Pflichtteil im Sinne eines Pflichtteilsergänzungsanspruchs (vgl. oben Erbschaftsteuer).

- **Benachteiligung** von möglichen **Erben**, welche durch ihr Verhalten den Unmut des künftigen Erblassers hervorgerufen haben.

Besser als durch eine lebzeitige Verteilung des vorhandenen Vermögens an liebenswerte Personen und damit dem Vermeiden eines nennenswerten Nachlasses, kann jemand, der nur auf „sein Erbe aus" ist, nicht gestraft werden. Für „widerborstige" Abkömmlinge bietet jedoch das Pflichtteilsrecht einen Schutz, wenn ihnen nicht berechtigt der Pflichtteil entzogen worden ist.

- **Steuerersparnis** hinsichtlich der Ertrags- und vor allem der Schenkung- und Erbschaftsteuer. Wie wir oben gesehen haben, können die Freibeträge der Erbschaft- und Schenkungsteuer mehrfach ausgenutzt werden, wenn zwischen den einzelnen Schenkungen mehr als 10 Jahre liegen. Mit den hohen Freibeträgen in der Erbschaftsteuerklasse I kann die schrittweise Übertragung des Vermögens zur völligen Steuerfreiheit führen. Umgekehrt muß der Vorsorgende stets **ertragsteuerliche** Überlegungen anstellen und zusammen mit einem Steuerberater im Einzelfall **abwägen**, ob ein **unentgeltlicher oder entgeltlicher** Erwerb erfolgen soll:

Eigengenutztes Haus

Nur der **entgeltliche** Erwerb eines eigengenutzten Hauses ermöglicht es dem Übernehmer, die steuerlichen Vorteile (z. B. Grundförderung, Baukindergeld) in Anspruch zu nehmen.

Gelegentlich, wenn hohe Finanzierungskosten das Hausgrundstück belasten, kann es auch sinnvoll sein, dem einen (künftigen) Miterben das Eigentum und dem anderen zunächst nur einen Mietvertrag und erst später das Eigentum einzuräumen.

Mietwohngrundstücke

Bei älteren Mietwohngrundstücken, die oft einen weit höheren Verkehrswert haben als die damaligen Anschaffungskosten oder Herstellungskosten ausmachten, empfiehlt sich der entgeltliche Erwerb.

Beispiel:

Ist ein älteres Miethaus nach § 7b EStG abgeschrieben und der Restwert von z.B. 70.000,– DM nur noch mit 2,5 % p.a. = 1.750,– DM abschreibbar, führt die entgeltliche Übertragung

> dazu, daß der Übernehmer bei Anschaffungskosten von z. B. 1 Mio. DM jetzt 2 % bei einem 1930 errichteten Gebäude also 20.000,- DM jährlich abschreiben kann.

Neueres Mietshaus
Bei einem neueren Mietshaus, welches der Übergeber degressiv abschreibt, würde der entgeltliche Erwerb zur dann nur noch möglichen linearen Abschreibung von regelmäßig 2 % führen. Hier kann eine unentgeltliche Übertragung nachteilig sein.

2.1.3 Vor- und Nachteile der vorweggenommenen Erbfolge

Wie jede andere Maßnahme eröffnet auch die vorweggenommene Erbfolge für denjenigen, der mit Rücksicht auf sein Ableben sein Vermögen gestalten und vorsorgen will, Vor- und Nachteile.

Der wichtigste **Vorteil** der vorweggenommenen Erbfolge ist darin zu sehen, daß der Vorsorgende zu seinen Lebzeiten selbst sein Vermögen der jüngeren Generation übertragen und dadurch nicht nur Dank und Anerkennung erwarten, sondern auch die vielen vorbezeichneten Ziele (vgl. Abschnitt 2.1.2), etwa Nachfolge eines Betriebs, Vorsorge im Alter, Steuerersparnis usw. verwirklichen kann. Er selbst – und nicht nach seinem Tode etwa ein Testamentsvollstrecker – kann bestimmen, wie und wann, zu welchem Zweck und in welchem Umfang das vorhandene Vermögen gestaltet werden soll.

Dicht daneben liegt aber auch ein **großer Nachteil** oder gar eine große Gefahr der vorweggenommenen Erbfolge, die nicht besser beschrieben werden kann, als mit dem beigefügten Gedicht eines namenlosen Verfassers, welches im Flur des Notariats Freiburg ausgehängt und die zur Übergabe bereite ältere Generation praktisch „in letzter Sekunde" warnt:

> **Testament**
>
> Merk es Dir ergrauter Vater,
> Sag es auch dem Mütterlein:
> Soll der späte Lebensabend
> Ohne Nahrungssorgen sein,
> Gib Du die erworbenen Güter
> Nicht zu früh an Kinder ab,
> Sonst wirst Du zu ihren Sklaven,
> Und sie wünschen Dich ins Grab.
> Wer besitzt den wird man achten,
> Kinderdank ist Seltenheit,
> Brot zu betteln heißt: Verschmachten,
> Brot zu geben: Seligkeit.

Mitunter **riskant** kann die vorweggenommene Erbfolge auch für den **Begünstigten** selbst sein, der etwa mit der Fortführung des elterlichen Betriebs zu Lebzeiten überlastet ist oder der in jungen Jahren gegen Abfindung auf sein Erb- oder Pflichtteilsrecht verzichtet hat, und sich später herausstellt, daß ein weit höherer Nachlaß als angenommen vorhanden war.

> **Vorsorgen!**
> Die vorweggenommene Erbfolge sollte nur nach eingehender **rechtlicher** und **steuerrechtlicher Beratung** zur Vermögensgestaltung herangezogen werden. Die Vor- und Nachteile sind in jedem Einzelfall von **beiden Seiten**, also vom Übergeber wie vom Übernehmer, gut abzuwägen. Stets sollte sich der Vorsorgende nicht nur von Überlegungen der Steuerersparnis leiten lassen und vor allem darauf achten, daß er einen ausreichend großen Anteil seines Vermögens bis zu seinem Tod behält. Die vorweggenommene Erbfolge ist also regelmä-

> ßig als **Ergänzung zu den letztwilligen Verfügungen** sinnvoll.

2.2 Übergabeverträge und Schenkungen

Die wichtigste Form der vorweggenommenen Erbfolge ist der **Übergabevertrag** oder auch **Übertragungsvertrag**. Der Vorsorgende kann mit einem Übergabevertrag seinem künftigen Erben oder auch einem nach der gesetzlichen Erbfolge nicht erbberechtigten beliebigen Dritten einen Vermögensgegenstand zuwenden und sich selbst einen ausreichenden Lebensunterhalt oder für die außer dem Übernehmer vorhandenen Abkömmlinge eine Abfindung ausbedingen. Meistens wird ein Hausgrundstück, eine Eigentumswohnung oder auch ein landwirtschaftliches Anwesen, seltener auch das gesamte Vermögen, mit dem Übergabevertrag übertragen. Dieses Rechtsgeschäft ist nicht davon abhängig, daß der Übernehmer den Übergeber überlebt; vielmehr wird es im Hinblick auf den Tod abgeschlossen und soll die gesetzliche oder gewillkürte Erbfolge vorwegnehmen.

Dagegen spricht der Volksmund von **Schenkungen**, wenn bewegliche Gegenstände, Geld oder Forderungen, z. B. ein Sparbuch, verschenkt also unentgeltlich übertragen werden, obwohl sehr häufig auch der Übergabevertrag ganz oder teilweise ein unentgeltliches Rechtsgeschäft, also eine Schenkung im Rechtssinne, darstellt.

2.2.1 Gegenstände des Übergabevertrags

Mit dem Übergabevertrag werden meistens Immobilien, also einzelne oder mehrere **Grundstücke, Häuser, Eigentumswohnungen** übertragen. Möglich ist auch die Übergabe des gesamten gegenwärtigen Vermögens, nicht jedoch des künftigen Vermögens. Hier verläuft die Trennungslinie zwischen der letztwilligen Verfügung, mit der ganz typisch das künftige Vermögen übertragen wird, welches zum Todestag vorhanden ist, und dem Übergabevertrag als Form des auf das (Weiter-) Leben gerichteten Rechtsgeschäfts.

Besondere und je nach Bundesland unterschiedliche Regelungen gelten für die **Hofübergabeverträge**. Nach der Höfeordnung – die in den Ländern Hamburg, Niedersachsen, Nordrhein-Westfalen und Schleswig-Holstein gilt – können die Eltern den Hof auf nur **einen Abkömmling** übertragen, sich selbst den Lebensunterhalt vorbehalten und für die übrigen Abkömmlinge Abfindungen vereinbaren. Übergibt der Hofeigentümer seinen Hof an einen hoferbenberechtigten Abkömmling, können die übrigen Abkömmlinge vom Übernehmer eine Abfindung verlangen. Hinsichtlich des Hofes gilt nämlich die Erbfolge bereits mit der Übergabe und nicht erst mit dem Tod des Hofeigentümers als eingetreten.

In anderen Bundesländern, in denen die Höfeordnung nicht gilt, können mit einem **Übergabevertrag** vergleichbare Rechtswirkungen erzeugt werden.

Überträgt der Vorsorgende mit dem Übergabevertrag eine **Mietwohnung oder ein Mietshaus**, muß beachtet werden, daß der Übernehmer in alle bestehende Mietverträge eintritt, der Übernehmer also keine bessere Rechtsstellung einnehmen kann, als sie der Übergeber besessen hat.

2.2.2 Form

Weil mit dem Übergabevertrag vor allem die Verpflichtung, ein Grundstück oder eine Eigentumswohnung zu übertragen, geschaffen wird, bedarf der Vertrag der **notariellen Beurkundung**. Nur schriftliche oder gar mündliche Versprechen sind also wirkungslos und können im Streitfall deshalb nicht eingeklagt werden.

> **Beispiel:**
>
> Die seit Jahren den Haushalt des Privatiers versorgende Haushälterin läßt sich auf einem maschinengeschriebenen Schriftstück die Übergabe eines Grundstücks versprechen.

> Dieses Papier ist wertlos. Es genügt weder den Formvorschriften der Rechtsgeschäfte unter Lebenden – erforderlich wäre die notarielle Beurkundung – noch denen der letztwilligen Verfügung. Hätte der Privatier das Schriftstück von Hand geschrieben und unterschrieben, hätte darin eine letztwillige Vermächtniseinsetzung für den Todesfall gesehen werden können.

2.3 Schenkungen unter Lebenden

Macht jemand aus seinem Vermögen einem anderen eine **unentgeltliche Zuwendung**, spricht das Gesetz von einer Schenkung. Bei den Schenkungen unter Lebenden wird kein Bezug auf den Tod hergestellt; dennoch kann sie als **anderweitige Vorsorge** für den Todesfall eine Bedeutung haben.

Mit der Schenkung kann der Vorsorgende Vermögensgegenstände bereits zu Lebzeiten übertragen, sich Gegenleistungen vom Beschenkten versprechen lassen oder diesem Auflagen machen. Entscheidendes Kriterium der Schenkung ist dabei die **Unentgeltlichkeit**, welches grundsätzlich auch bei den sogenannten **ehebedingten Zuwendungen** gegeben ist, aber im Ausnahmefall der Zukunftssicherung fehlen kann.

> **Beispiel:**
> Eheleute erwerben zur gemeinsamen zukünftigen Alterssicherung ein Mehrfamilienhaus zu je ½. Der Kaufpreis wird nur vom berufstätigen Ehemann aufgebracht, weil die Ehefrau – mit der Erziehung der Kinder befaßt – über kein eigenes Einkommen verfügt.
>
> In diesem Fall der sogenannten unbenannten (ehebedingten) Zuwendung des Mannes an die Frau in Höhe von ½ Miteigentumsanteil, kann **kein Geschenk** im Sinne einer objektiven

> Unentgeltlichkeit gesehen werden, weil die Frau mit der Erziehung der gemeinsamen Kinder dem Mann die Berufstätigkeit ermöglicht und damit ihren Beitrag zum Erwerb des Hauses leistet.

Die fehlende Unentgeltlichkeit des Erwerbs in diesem Ausnahmefall der ehebedingten Zuwendung führt dazu, daß etwa pflichtteilsberechtigte Kinder, die durch ein Berliner Testament von ihrer Erbfolge ausgeschlossen sind, im Hinblick auf das Geschenk (½ Miteigentumsanteil) keine Ergänzung ihres Pflichtteils beanspruchen können (vgl. Pflichtteilsergänzungsanspruch) und sich ihr Pflichtteil nur nach dem vorhandenen Nachlaß (ohne Hausgrundstück) richtet.

2.3.1 Arten der Schenkung

Das Gesetz unterscheidet zwischen **Schenkungen unter Lebenden**, die ohne Rücksicht auf den Todesfall abgeschlossen werden und den sogenannten **Schenkungen auf den Todesfall**, welche voraussetzen, daß der Beschenkte den Schenker überlebt. Die Unterscheidung von beiden Schenkungsarten ist vor allem deshalb bedeutsam, weil unterschiedliche Formvorschriften bestehen, je nachdem, ob es sich um eine Schenkung unter Lebenden oder um eine Schenkung auf den Todesfall handelt.

Folgende Arten der Schenkung unter Lebenden können unterschieden werden:

Handschenkung
Der Normalfall, daß sich nahestehende Personen materielle Zuwendungen machen, die für den Begünstigten geschenkt also unentgeltlich sind, ist dadurch gekennzeichnet, daß bei diesem Rechtsgeschäft das Bild, Briefmarkenalbum, Geld oder der Schmuck sofort an den Beschenkten ausgehändigt wird. Dieser Vorgang wird als sogenannte **Handschenkung** bezeichnet und bedarf zu seiner Wirksamkeit keiner besonderen Form („Geschenk ist geschenkt, wieder genommen ist gestohlen.").

Schenkungsversprechen

Das reine Versprechen von einer in der Zukunft beabsichtigten Zuwendung eines Vermögensgegenstands ist jedoch nur gültig, wenn dieser **Schenkungsvertrag** vor einem Notar abgeschlossen wird; in diesem Fall reicht also nicht einmal die Schriftform aus.

> **Beispiel:**
>
> Karin führt seit Jahren den Hund des Rentners Paul aus, der ihr für diesen Dienst so dankbar ist, daß er ihr über ihre regelmäßig ausbezahlte Vergütung hinaus zu ihrem 18. Geburtstag schriftlich 3.000,– DM für ihren Führerschein verspricht. Stirbt Paul, bevor er Karin das Geld gegeben hat, sind die Erben nicht verpflichtet, das Geld an Karin auszuzahlen. Dieses Schenkungsversprechen hätte zu seiner Wirksamkeit der notariellen Form bedurft.

Gemischte Schenkung

Von einer gemischten Schenkung ist dann auszugehen, wenn in einem einheitlichen Vertrag die Leistung des Schenkers und eine Gegenleistung des Beschenkten wertmäßig nicht gleich sind.

Auflagenschenkung

Die Schenkung kann auch mit einer **Auflage** verbunden sein. Als Auflage mit einem erbrechtlichen Bezug kommt etwa die Schenkung eines größeren Geldbetrages an einen Nachbarn in Betracht, der sich um die Grabpflege kümmern soll. Bei Übertragung eines Miethauses kann dem Beschenkten etwa zur Auflage gemacht werden:
- Einräumung eines Wohnrechts in der Dachgeschoß-Wohnung an einen Enkel.
- Gewährung eines lebenslangen Nießbrauchs an einem Geschäft zugunsten des Schenkers.
- Die Versorgung eines Lebensgefährten.

Im Falle der Auflagenschenkung kann der Schenker vom Beschenkten die **Vollziehung der Auflage** dann verlangen, wenn er seinerseits die Leistung (das Geschenk) erbracht hat.

Liegt die Vollziehung der Auflage im öffentlichen Interesse – etwa in der Errichtung einer gemeinnützigen Einrichtung – kann nach dem Tod des Übergebers die zuständige Behörde die Vollziehung der Auflage verlangen.

Zweckschenkung
Verfolgt der Schenker mit seinem Geschenk eine bestimmte Absicht oder einen bestimmten Zweck, spricht man von einer Zweckschenkung, wenn der Zuwendende die Vollziehung nicht durchsetzen kann, also darauf angewiesen ist, bei einer Verfehlung des mit dem Geschäft beabsichtigten Zwecks das Geschenk zurückzufordern.

Bezahlte Schulden
Der Schenker kann einen anderen selbstverständlich auch damit beschenken, daß er die Schulden des Beschenkten direkt bei dessen Gläubiger ausgleicht.

2.3.2 Formvorschriften

Bei der Schenkung unter Lebenden gelten folgende Formerfordernisse:

Die **Handschenkung** von beweglichen Gegenständen oder Forderungen, also bezüglich eines unmittelbar ausgehändigten Geldbetrages oder eines Briefmarkenalbums wird direkt mit der Übergabe des Geschenks wirksam, ohne daß eine besondere Form für das Rechtsgeschäft einzuhalten ist.

Bei der **Schenkungsvereinbarung**, bei welcher der Vorsorgende einem anderen zu einem späteren Zeitpunkt ein Geschenk verspricht **(Schenkungsversprechen)**, ist zur Wirksamkeit des Rechtsgeschäfts eine **notarielle Beurkundung** erforderlich. Ein ohne Beachtung dieser Formvorschrift abgegebenes Schenkungsversprechen ist unwirksam; ein Umstand, der häufig nicht bekannt

Andere Möglichkeiten der Vorsorge

ist. Vollzieht der Schenker zu einem späteren Zeitpunkt dennoch das (unwirksame) Schenkungsversprechen, wird die Schenkungsvereinbarung im nachhinein geheilt und somit voll wirksam.

> **Vorsorgen!**
> Bei allen werthaltigen Geschenken, die sofort an den Beschenkten übergeben werden, empfehle ich dem Vorsorgenden eine schriftliche Niederlegung des Schenkungsvorganges zu Beweiszwecken. Der Nachweis der Schenkung ist nämlich für die Frage der **Vorausempfänge** an einzelne Mitglieder einer künftigen Erbengemeinschaft und ihre Ausgleichungspflicht von Bedeutung. Bei dem erst in Zukunft zu vollziehenden Schenkungs**versprechen** sollten beide Seiten den notariellen Vertrag wählen, wenn die Zuwendung ernst gemeint ist. Ebenfalls notariell beurkundet werden müssen selbstverständlich alle Grundstücksverträge und zwar mit allen Regelungen, welche die Vertragspartner vorsehen wollen.

2.3.3 Notbedarf – Achtung Sozialamt!

Niemand soll sein Vermögen verschenken und sich damit beabsichtigt oder unbedacht in die Mittellosigkeit fallen lassen können. Soweit nämlich der Schenker nach der Schenkung außerstande ist, seinen angemessenen Unterhalt zu bestreiten oder seine gesetzlichen Unterhaltsverpflichtungen gegenüber seinem Ehegatten, früheren Ehegatten oder Verwandten (Kinder, Eltern) zu erfüllen, kann der Schenker in diesem Fall des **Notbedarfs** die Herausgabe des Geschenks verlangen. Muß das Sozialamt in diesem Fall für den Unterhalt des Schenkers aufkommen, kann der Rückforderungsanspruch unter Umständen sogar noch nach dem Tod des Schenkers gegenüber dem Beschenkten geltend gemacht werden.

> **Beispiel:**
>
> Der kinderlose 60jährige, verwitwete Ernst Fischer ist Inhaber eines Malergeschäfts und überschreibt ein Zweifamilienhaus an seinen im Betrieb mitarbeitenden Neffen. Wenige Zeit später kann Herr Fischer seinen Malerberuf wegen eines Betriebsunfalls nicht mehr ausüben. Wie so oft bei Selbständigen, hat auch Herr Fischer keine ausreichende Versicherungen abgeschlossen oder ausreichende Altersrentenansprüche erworben. Reichen diese Rentenansprüche für ein Altersheim oder gar ein Pflegeheim nicht aus, muß das Sozialamt einspringen, weil der Neffe seinem Onkel keinen Unterhalt schuldet (nur Verwandte gerader Linie sind verpflichtet, einander Unterhalt zu gewähren).
>
> Kommt das Sozialamt für die Differenz zwischen der vorhandenen Rente und den tatsächlichen Pflegekosten auf, kann dieses die Schenkung des Mietshauses an den Neffen widerrufen, um etwa aus den Mieterträgen die Heimkosten für Herrn Fischer aufzubringen. Dieser auf das Sozialamt übergegangene Rückforderungsanspruch ist jedoch ausgeschlossen, wenn zur Zeit des Eintritts der Bedürftigkeit seit der Leistung des geschuldeten Gegenstands 10 Jahre verstrichen sind. Auch diese sehr bedeutsame 10-Jahres-Frist des § 529 BGB kann gelegentlich einen Grund darstellen, über eine schrittweise Übertragung des Vermögens nachzudenken.

2.3.4 Grober Undank – Schenkungswiderruf

Leider kommt es gar nicht so selten vor, daß ein Beschenkter – erst einmal im Besitz des Geschenks – schnell die Großzügigkeit des Schenkers oder seine eigenen Versprechungen vergißt, die er dem Schenker vor dem Geschenk gemacht hat. In diesen Fällen des **groben Undanks** oder der Weigerung, eine Schenkungsauflage zu vollziehen, ist der Schenker nicht rechtlos: Er kann die Schenkung

Andere Möglichkeiten der Vorsorge

wegen groben Undanks widerrufen oder das Geschenk wegen Nichtvollziehung einer Auflage zurückfordern.

Ein letzter Fall aus der Rechtsanwaltspraxis ist ein gutes

> **Beispiel:**
> Der 76jährige verwitwete Landwirt Hermann Bauer überschreibt seinem Sohn Karl Haus und Hof. Karl versprach seinem Vater ein lebenslanges Wohnrecht im Dachgeschoß des großen Anwesens einzuräumen und ihn an „gesunden und kranken Tagen zu warten und zu pflegen". Kaum 2 Jahre nach Übergabe des Hofes kommt es zwischen Vater und Sohn zum Streit, in dessen Verlauf der Sohn seinem Vater das Wasser und die Heizung abgedreht, ihn schwer beleidigt hat und sogar gegen seinen Vater tätlich geworden ist.
> „Muß ich mir das gefallen lassen?" war die Frage des betagten Landwirts an den Rechtsanwalt.

Der Schenkungswiderruf wegen groben Undanks hat zur Voraussetzung, daß
- der Beschenkte (wie im Beispiel) sich einer **schweren Verfehlung** gegen den Schenker oder einen nahen Angehörigen schuldig macht, etwa in Form von Körperverletzung, schweren Beleidigungen oder der hartnäckigen Weigerung des Beschenkten, ein Recht des Schenkers zu erfüllen;
- der Beschenkte sich dadurch eines **groben Undanks** schuldig macht;
- die Verfehlungen des Beschenkten **nicht älter als 1 Jahr** sind;
- der Schenker dem Beschenkten **nicht verziehen** hat sowie
- die **Widerrufserklärung** des Schenkers, welche dem Beschenkten zugegangen sein muß.

2.3.5 Anrechnung auf den Pflichtteil

Bei werthaltigen Geschenken an pflichtteilsberechtigte Personen – z. B. Eltern, Kinder, Ehegatte – sollte sich der Vorsorgende stets Gedanken darüber machen, ob das Geschenk auf den künftigen Pflichtteil eines Pflichtteilsberechtigten anzurechnen ist. Diese Frage wird vor allem dann besonders bedeutsam, wenn der Beschenkte durch die lebzeitige Zuwendung „seinen künftigen Erbteil" vorweg erhalten, also in einem Testament enterbt werden soll.

> **Beispiel:**
>
> Die verwitwete Karoline hat zu Lebzeiten ihrem alleinigen Sohn Fritz das Haus mit einem Wert von 600.000,– DM überschrieben und setzt, nachdem sie sich mit Fritz überworfen hat, ihren Neffen Klaus zu ihrem Alleinerben ein. In diesem Testament bestimmt sie, daß sich der undankbare Fritz das überschriebene Haus auf seinen Pflichtteil anrechnen lassen muß.
>
> Beim Tod von Karoline verlangt der mit dem Haus beschenkte Sohn von Klaus seinen Pflichtteil. Nachlaß zur Zeit des Todes von Karoline: 100.000,– DM.
>
> Obwohl Fritz bereits zu Lebzeiten einen Wert von 600.000,– DM erhalten hat, kann er von Klaus seinen Pflichtteil mit 50.000,– DM (= halber Erbteil) verlangen, weil die nachträgliche Bestimmung von Karoline im Testament zur Anrechnung der Zuwendung (Haus) unwirksam war.

Dieses Beispiel zeigt einen **weitverbreiteten Fehler** aus der Praxis. Leider ist oft nicht bekannt, daß die sogenannte **Anrechnungsbestimmung** auf den Pflichtteil vom Schenker **bei** oder vor der Zuwendung erklärt werden muß. Diese einseitige Willenserklärung muß dem Beschenkten also spätestens mit dem Geschenk zugehen, weil der Beschenkte um die seinen Pflichtteil beeinflussende Beschaffenheit der Zuwendung Bescheid wissen muß.

Andere Möglichkeiten der Vorsorge

Die nach Übergabe des Geschenks erfolgte **nachträgliche** Anrechnungsbestimmung ist regelmäßig unwirksam. Der Erblasser kann – wie das Beispiel zeigt – auch in einem Testament nicht mehr nachträglich anordnen, daß ein lebzeitiges Geschenk auf den Pflichtteil anzurechnen ist. Eine nachträgliche einseitige Pflichtteilsanrechnung durch Testament ist nämlich nur in **Ausnahmefällen** möglich, etwa wenn sich der Erblasser dies bei der Zuwendung vorbehalten hat oder in denen der Erblasser anstelle der Pflichtteilsentziehung dem Pflichtteilsberechtigten seinen Pflichtteil hätte auch ganz entziehen können.

> **Vorsorgen:**
>
> Möglichst **vor**, spätestens aber **bei Übergabe** des Geschenks muß dem Beschenkten – zu Beweiszwecken am besten die **schriftliche** – Erklärung zugehen, daß das Geschenk auf den Pflichtteil anzurechnen ist. Kein Risiko eingehen! Den Empfang der Erklärung sollte sich der Schenker vom Beschenkten quittieren lassen. Unsicher wäre im Falle eines überwiesenen Geldbetrags ein Vermerk der Anrechnungsbestimmung auf dem Überweisungsträger: In Zeiten des elektronischen Datenaustausches könnte der Beschenkte zuerst von dem Geld (durch Ausdruck seines Kontoauszugs am Automaten) und erst später (bei Abholung des Gutschriftbelegs bei der Bank) Kenntnis von der Anrechnungsbestimmung nehmen. Im übrigen kann in diesem Fall der Nachweis des Zugangs der Anrechnungsbestimmung, den der belastete Erbe zu erbringen hätte, schwierig sein.

Berechnung:
Hat der Vorsorgende also vor oder bei der Zuwendung wirksam bestimmt, daß das Geschenk auf den Pflichtteil anzurechnen ist, muß die **Anrechnung** auf den Pflichtteil wie folgt vorgenommen werden:

Berechnungsbeispiel:

Nachlaßwert z. B.	200.000,– DM
Wert des Geschenkes z. B.	40.000,– DM
fiktiver Nachlaßwert:	240.000,– DM
Pflichtteilsquote z. B. ¼	= 60.000,– DM
abzüglich vorempfangenem Geschenk	./. 40.000,– DM
restlicher Pflichtteil	20.000,– DM

2.4 Ausstattungen und Zuwendungen an Kinder

Eltern kümmern sich ein Leben lang um ihre Kinder. Die Schule, vor allem aber das Studium oder die Berufsausbildung der Kinder kosten viel Geld. Der Vater unterstützt seinen Sohn beim Hausbau und die Tochter bei der Errichtung einer Krankengymnastik-Praxis. Was wird aus diesen lebzeitig gewährten Zuwendungen an die Kinder im Erbfall?

2.4.1 Die Ausgleichspflicht

Das Gesetz bestimmt entsprechend dem mutmaßlichen Willen einer Mutter oder eines Vaters, denen ihre Kinder regelmäßig alle gleich nahestehen, die **Gleichbehandlung** der Kinder bei der Verteilung des elterlichen Vermögens. Hat ein Kind zu Lebzeiten der Eltern eine finanzielle Zuwendung erhalten und seine Geschwister nicht, wären diese jedoch dann benachteiligt, wenn entsprechend der gesetzlichen oder gewillkürten Erbfolge die Kinder im späteren Erbfall zu gleichen Teilen erben sollen. Das Gesetz ordnet deshalb an, daß bestimmte Zuwendungen der Eltern an ihre Abkömmlinge im Erbfall unter den Erben ausgeglichen werden müssen.

2.4.2 Welche Personen sind ausgleichspflichtig?

Ausgleichspflichtig und ausgleichsberechtigt sind alle Abkömmlinge des Erblassers (nicht jedoch der Ehegatte), also die ehelichen und nichtehelichen Kinder sowie Enkelkinder, wenn sie aufgrund gesetzlicher oder gewillkürter Erbfolge eine Erbengemeinschaft bilden oder sie im Verhältnis ihrer gesetzlichen Erbteile am Nachlaß beteiligt sind. Voraussetzung ist allerdings, daß die ausgleichungspflichtigen Abkömmlinge bei der Zuwendung die **nächsten** Erben gewesen sind, weil nur in diesem Fall ein Interesse an einer Gleichbehandlung besteht.

> **Beispiel:**
>
> Schenkt eine Großmutter ihrer Enkelin zu Lebzeiten ihrer Tochter und Mutter des Kindes ein wertvolles Schmuckstück, muß die Enkelin sich dieses Geschenk nicht auf ihren Erbteil anrechnen lassen, wenn sie nach dem Tod ihrer Mutter gesetzliche Erbin geworden ist.

Der Gleichbehandlungswunsch des Vaters oder der Mutter kann nicht dadurch enttäuscht werden, indem ein Abkömmling die Ausgleichung eines lebzeitig erhaltenen Geschenks dadurch umgeht, daß er die Erbschaft ausschlägt, etwa um sie seinen Kindern – von der Ausgleichungspflicht ungeschmälert – zukommen zu lassen. In diesem Fall müssen die an die Stelle des Ausschlagenden tretenden Kinder sich die Ausgleichung gefallen lassen.

2.4.3 Welche Zuwendungen sind ausgleichspflichtig?

Ausstattungen

Unter einer Ausstattung aus dem Elternvermögen erklärt das BGB in § 1624 etwas altertümlich:

„Was einem Kinde mit Rücksicht auf seine Verheiratung, auf die Erlangung einer selbständigen Lebensstellung zur Begründung oder zur Erhaltung der Wirtschaft oder der Lebensstellung von dem Vater oder der Mutter zugewendet wird (Ausstattung)".

> **Beispiele:**
>
> Unter ausgleichungspflichtige Ausstattungen fallen also die sogenannte Mitgift oder Aussteuer, eine Praxiseinrichtung oder das Geld hierfür.

Zuschüsse, die als **Einkünfte** verwendet werden sollen und deren **Wiederholung in Aussicht** gestellt wird, also **Studien-, Fachhochschul-, Promotionskosten** muß der Student sich nur dann anrechnen lassen, wenn diese Zuschüsse die Vermögensverhältnisse des Erblassers übersteigen. Ein Übermaß liegt jedoch nicht schon dann vor, wenn ein Sohn eine teurere Berufsausbildung als der andere erhalten hat. Die Kosten einer allgemeinen Schulausbildung sind nie ausgleichungspflichtig. Alle **sonstigen** Zuwendungen sind nach dem Gesetz **nicht ausgleichungspflichtig**. Der Beschenkte muß das Geschenk unter den Miterben nur dann ausgleichen, wenn der Vorsorgende dies vor oder bei der Zuwendung angeordnet hat oder die Ausgleichung nachträglich in einem Testament bestimmt hat.

2.4.4 Berechnung des Ausgleichs

Im Erbfall muß eine Zuwendung nur mit dem Wert ausgeglichen werden, den sie **zur Zeit der Zuwendung** hatte; spätere Wertsteigerungen bleiben unberücksichtigt, auch muß die Zuwendung nicht verzinst werden. Anderweitige Anordnungen des Vorsorgenden zur Berechnung des Ausgleichs sind in einem Testament oder bei der Zuwendung möglich.

Andere Möglichkeiten der Vorsorge

> **Beispiel:**
> Der Vater überträgt ein Baugrundstück an seine Tochter zum Bau eines Hauses und ordnet bei Übergabe im Übergabevertrag an: „Im Falle meines Todes ist die Übernehmerin verpflichtet, die Hälfte des Grundstückswertes zur Ausgleichung zu bringen, den das Grundstück (ohne Gebäude) an meinem Todestag hat."

Die Zuwendung zu Lebzeiten muß also nach ihrem **Wert** zur Zeit der Zuwendung und **nicht real** – etwa durch Teilung einer zu Lebzeiten geschenkten, für ausgleichungspflichtig erklärten wertvollen Briefmarkensammlung – unter den übrigen Miterben erfolgen.

Die sogenannten **Vorempfänge** werden zunächst dem vorhandenen Nachlaß (wenn nicht alle Miterben untereinander ausgleichungspflichtig sind, nur der Nachlaßteil der ausgleichungspflichtigen Miterben) hinzugerechnet und damit ein sogenannter **fiktiver Nachlaß** gebildet und nach Bildung des jeweiligen Erbteils beim ausgleichungspflichtigen Miterben wieder abgezogen.

> **Beispiel:**
> Der verstorbene Vater wird von seiner Ehefrau und seinen Kindern Hans und Doris in gesetzlicher Erbfolge beerbt. Hans hat 20 TDM und Doris 10 TDM lebzeitige Zuwendungen auszugleichen. Der Nachlaß beträgt 100 TDM.
>
> Die Witwe erhält ½ (gesetzliche Erbfolge im gesetzlichen Güterstand), die Kinder je ¼.
>
> | | |
> |---|---|
> | Nachlaßteil der Kinder | = 50.000,– DM |
> | Vorempfänge | = 30.000,– DM |
> | fiktiver (Teil-) Nachlaß | = 80.000,– DM |
> | geteilt durch 2 je Kind = | 40.000,– DM |

Folglich bekommt
Hans 40 TDM abzüglich Geschenk (20 TDM)   = 20 TDM
Doris 40 TDM abzüglich Geschenkt (10 TDM) = 30 TDM
Nachlaßanteil der Kinder   = 50 TDM.

Hätte im Beispiel Hans für eine Zahnarztausbildung ausgleichungspflichtig 100 TDM zu Lebzeiten des Vaters erhalten, gibt es für ihn nichts mehr zu erben. Umgekehrt muß er jedoch von den lebzeitig erhaltenen 100 TDM an seine Schwester auch nichts zurückzahlen, weil lediglich eine **Ausgleichungspflicht** in Höhe des Erbteils besteht.

2.4.5 Abweichende Ausgleichsanordnungen

Der Vorsorgende hat es auch bei den in diesem Abschnitt beschriebenen Zuwendungen, Ausstattungen, Zuschüssen und sonstigen Zuwendungen in der Hand, von der gesetzlich angeordneten Ausgleichungspflicht abzuweichen. Er kann den Beschenkten etwa dadurch (weiter) **begünstigen** und die übrigen Miterben **belasten**, indem er im Testament dem Beschenkten die Ausgleichungspflicht etwa für Ausstattungen erläßt. Umgekehrt kann er den mit einer sonstigen Zuwendung (nicht ausgleichungspflichtig) beschenkten Erben dadurch beschweren, daß er bei Übergabe des Geschenks die Ausgleichungspflicht gegenüber Miterben anordnet. Der Schenker hat zwei Möglichkeiten:

Ausgleichungsanordnung vor oder spätestens bei der Zuwendung

Vor oder spätestens bei Gewährung einer ausgleichungspflichtigen Ausstattung kann der Vorsorgende anordnen, daß bei der künftigen Auseinandersetzung unter den Miterben die Ausstattung nicht ausgeglichen wird. Andererseits kann der Schenker bei sonstigen Zuwendungen, welche keine Ausstattung darstellen, die Ausgleichungspflicht anordnen. In allen Fällen ist auch die Anordnung möglich, daß die Ausgleichung zu einem anderen Wert erfolgen soll. Hat der Zuwendungsempfänger weniger auszugleichen, als er empfangen hat, wird er hiergegen nichts auszusetzen haben. Im anderen Fall – die Ausgleichungspflicht ist höher als der Wert des zugewandten Gegenstandes – wird er sich die Frage stellen, ob er das „Geschenk" annehmen soll. Damit sich der Beschenkte entscheiden kann, müssen die vom Gesetz abweichenden Ausgleichungsanordnungen entweder vor oder spätestens bei der Zuwendung dem Empfänger der Zuwendung mitgeteilt werden.

> **Vorsorgen!**
>
> Bei vom Gesetz abweichenden Ausgleichungsanordnungen sollte der Zuwendende seinem Abkömmling stets eine **schriftliche** Erklärung zukommen lassen, die diesem vor oder spätestens bei Vollzug der Zuwendung nachweislich zugegangen sein muß.

Nachträgliche Anordnung

Im Gegensatz zur Anrechnungspflicht einer Zuwendung auf den Pflichtteil (vergleiche oben) kann der Zuwendende auch noch nachträglich eine Ausgleichungspflicht anordnen, ganz oder teilweise ausschließen und mit Bedingungen versehen oder ändern.

> **Vorsorgen!**
>
> Eine **nachträgliche** Anordnung zur Ausgleichungspflicht ist nicht durch ein Rechtsgeschäft unter Lebenden möglich, sondern muß durch ein **Testament** oder eine sonstige **letztwillige Verfügung** erfolgen. Mit einem Testament hat es der Erblasser also in der Hand, nachträglich die Ausgleichungspflicht etwa für eine Ausstattung an einen Abkömmling aufzuheben oder sie im Falle der (nicht ausgleichungspflichtigen) sonstigen Zuwendung anordnen.

2.5 Pflege im Alter und ihr Ausgleich

Das Alter bringt es mit sich, daß die Leistungsfähigkeit eines Menschen reduziert ist und er in seinem Haushalt oder Beruf Hilfe benötigt, wie er auch auf eine Pflege angewiesen sein kann. Weil dieser im einzelnen Fall sehr anstrengende Einsatz meist von Angehörigen, Ehegatten, Kindern und auch nicht selten von einem nichtehelichen Lebenspartner erbracht wird und viele Menschen diesen Fall nicht rechtzeitig bedenken oder gar regeln, bietet das Gesetz eine Minimallösung an, in dessen Genuß allerdings nur die **Abkömmlinge** kommen:

Gemäß § 2057 a BGB kann ein Abkömmling bei der Auseinandersetzung der mit den Geschwistern bestehenden Miterbengemeinschaft einen **Ausgleich** verlangen, wenn er durch Mitarbeit im Haushalt, Beruf oder Geschäft des Erblassers während längerer Zeit, durch eine erhebliche Geldleistung oder in anderer Weise in besonderem Maße dazu beigetragen hat, daß das Vermögen des Erblassers erhalten oder vermehrt wurde.

Diese **Sonderleistungen** eines Abkömmlings für den Erblasser müssen also über die normale Unterhaltsverpflichtung hinausgehen und in besonderem Maße das Vermögen des Erblassers erhalten oder vermehren.

> **Beispiel:**
>
> Eine derartige Sonderleistung wird dann anzunehmen sein, wenn ein Sohn oder eine Tochter bei schwerer Krankheit des Vaters den elterlichen Betrieb fortführt; oder wenn, eine Tochter unter Verzicht auf eigene Einkünfte die bettlägerige Mutter über eine längere Zeit hinweg pflegt. Diese Pflege muß nicht allein vom Abkömmling erbracht werden; dieser kann sich privater Hilfskräfte bedienen.

Die Höhe des Ausgleichungsanspruchs richtet sich einerseits nach der Dauer und dem Umfang der Leistungen des Abkömmlings

Andere Möglichkeiten der Vorsorge

und andererseits nach dem Wert des Nachlasses. Die Ausgleichung muß unter Berücksichtigung dieser Faktoren der Billigkeit entsprechen.

> **Berechnungsbeispiel:**
>
> Der Nachlaß beträgt 100 TDM. Hans ist ausgleichungsberechtigt mit 10 TDM, weil er seinen Vater während der letzten Lebensmonate pflegte. Eva und Hans bilden mit ihrer im Altersheim lebenden Mutter (gesetzlicher Güterstand) eine Erbengemeinschaft.
> Erbteil aller Kinder 50 TDM und Ausgleichungsrecht von Hans 10 TDM ergibt:
> Hans 10 TDM + ½ von 40 TDM = 30 TDM;
> Eva erhält 20 TDM.

Der Ausgleichungsanspruch besteht selbstverständlich dann nicht, wenn für die Leistung des Abkömmlings ein angemessenes Entgelt gezahlt worden ist.

Das Ausgleichungsrecht besteht unter den **Abkömmlingen**. Die besondere Mitarbeit und Pflegeleistung des Ehegatten sieht das Gesetz durch den um ¼ erhöhten Erbteil im gesetzlichen Güterstand oder den erhöhten Erbteil bei der Gütertrennung als abgegolten an, während es den **nichtehelichen Lebenspartner** völlig **leer** ausgehen läßt. Dies ist im Fall des nichtehelichen Lebenspartners deshalb ungerecht, weil es gar nicht darauf ankommt, wie lange dieser Pflegeleistungen erbracht hat.

> **Beispiel:**
>
> Hans lebt seit Jahren mit seiner nichtehelichen Lebensgefährtin Anna zusammen; eine Heirat kommt aus verschiedenen Gründen nicht in Frage. Hans setzt Anna, seine Kinder Thomas und Else zu je ⅓ als seine Erben am Nachlaß ein. Wenn

> Anna Hans 2 Jahre vor seinem Tod umfassend versorgt und gepflegt hat, kann sie keinen Ausgleich von ihren Miterben verlangen.

Das Beispiel zeigt, daß die gesetzliche Regelung unvollständig ist. Auch bei einer zu erwartenden Pflege oder Mitarbeit eines Abkömmlings vor allem bei möglichen Sachleistungen eines ehelichen oder nichtehelichen Lebenspartners muß der Erblasser

> **Vorsorgen!**
> Erbringt ein naher Angehöriger im Geschäft, auf dem Hof, im Haushalt oder im nicht fernliegenden Falle der eigenen Pflegebedürftigkeit Sonderleistungen für den Vorsorgenden, sollte sich dieser über einen angemessenen Ausgleich Gedanken machen. Er sollte nach rechtlicher Beratung eine angemessene Regelung treffen. Wenn er dies nicht tut, bestraft er diejenigen Gutmütigen, die sich zur Mitarbeit und Pflege bereit fanden. Bei **nichtehelichen** Lebenspartnern gilt dies in besonderem Maße.

2.6 Schenkungen auf den Todesfall

Neben den Schenkungen unter Lebenden gibt es auch noch die Möglichkeit eines Schenkungsversprechens, welches der Vorsorgende unter der Bedingung abgibt, daß der Versprechensempfänger den Schenker überlebt. Wird eine Schenkung unter einer solchen Bedingung versprochen, ohne daß sie auch zu Lebzeiten vollzogen ist, gelten die erbrechtlichen Vorschriften. Das heißt, ein derartiger Vertrag ähnelt der letztwilligen Verfügung und bedarf daher der für den Erbvertrag geltenden Form.

Ist das Schenkungsversprechen auf den Todesfall zu Lebzeiten des Vorsorgenden vollzogen, gilt das Rechtsgeschäft, obwohl vom Todesfall des Schenkers abhängig, insgesamt als Schenkung unter Lebenden. Es gelten folglich die unter dem Abschnitt „Schenkung unter Lebenden" dargestellten Formvorschriften.

2.7 Heimliche Schenkungen

Wenn finanzielle Zuwendungen unter dem „Siegel der Verschwiegenheit" vollzogen werden, ist stets Vorsicht angebracht. Auch im Falle der heimlichen Schenkung gehen beide Seiten – Schenker wie Beschenkter – ein hohes Risiko ein.

Die Gründe für eine heimliche Schenkung können vielfältig sein.

- Bei großen finanziellen Zuwendungen an nahe Angehörige oder auch bei Geldbeträgen an weiter entfernte Verwandte oder nicht verwandte Personen (Schenkungsteuerklasse III) wollen die Partner der heimlichen Schenkung die Schenkungsteuer „ersparen", also hinterziehen.

- Bewußte **Bevorzugung** oder **Benachteiligung** eines Pflichtteilsberechtigten. Wenn die Schenkung unbekannt bleibt, weil etwa Bargeld ohne Gegenwart von Zeugen den Besitzer wechselt, reduziert sich natürlich das Vermögen des Schenkers und der künftige Nachlaß des (künftigen) Erblassers. Weil ein Pflichtteilsberechtigter von der lebzeitigen Schenkung nichts erfahren hat, ist er aufgrund dieser Unkenntnis gehindert, seinen Pflichtteilsergänzungsanspruch geltend zu machen.

- „Unterbringung" von **Schwarzgeld**. Selbstverständlich ist die Steuerhinterziehung für Schenker und den Beschenkten strafbar, weshalb ich nur empfehlen kann, die vielfältigen legalen (noch bestehenden) Möglichkeiten der Steuerersparnis – etwa Teilschenkungen bis zur Ausschöpfung der Freibeträge außerhalb der 10-Jahres-Frist – konsequent und systematisch auszuschöpfen, dabei aber nicht zu vergessen, daß **steuerliche Motive nie-**

mals die Richtigkeit und Berechtigung der Schenkung begründen oder ersetzen können.

> **Beispiel:**
> Eine Schenkung an einen Sohn mit hohen Spielschulden kann falsch sein, auch wenn dieses Rechtsgeschäft schenkungsteuerfrei wäre.

Riskant ist die heimliche Schenkung für den Schenker deshalb, weil der Schenker im Streitfall nicht den **Beweis** der unentgeltlichen Zuwendung erbringen kann, wenn der Beschenkte die Schenkung bestreitet. Der Schenker kann also von seinen gesetzlichen Möglichkeiten

- Widerruf der Schenkung wegen groben Undanks,
- Widerruf wegen eigener Bedürftigkeit,
- Rückforderung des Geschenks, weil der Beschenkte eine Auflage nicht beachtet,
- Anrechnungsbestimmung im Testament,

praktisch keinen Gebrauch machen.

> **Vorsorgen!**
> Vermeiden Sie die vielen Risiken der heimlichen Schenkung! Die verschiedenen Formen der vorweggenommenen Erbfolge, etwa auch die Lebensversicherung oder die konsequente Ausschöpfung der schenkung- und erbschaftsteuerlichen Möglichkeiten führen oft zum selben Ziel, mit dem Vorteil, daß im Konfliktfall der Vorsorgende die gesetzlichen Rechtsbehelfe ausschöpfen kann, die in vielen Fällen eine optimale Konfliktbewältigung bieten.

Andere Möglichkeiten der Vorsorge

2.8 Erbverzicht gegen Abfindung

Mit der Kombination **Erbverzicht** gegen **Abfindung** kann der Vorsorgende sehr differenziert auf bestimmte Familienkonstellationen reagieren und unterschiedliche Ziele verfolgen. Die Abfindung gegen Erbverzicht dürfte die populärste Form der **vorweggenommenen Erbfolge** sein, mit deren Hilfe der Erblasser zu Lebzeiten sein Vermögen gestalten kann. Wenn sich ein Kind „sein Erbe auszahlen" hat lassen, ist rechtlich die Schenkung etwa eines Geldbetrags gegen **Verzicht** des Beschenkten auf seine künftige **erbrechtliche Stellung** gemeint. Mit der Abfindung gegen Erbverzicht kann der Vorsorgende verschiedene **Absichten** verfolgen.

2.8.1 Absichten

Der **Familienbesitz** – etwa ein größerer Immobilienbestand – soll **ungeteilt** in einer Hand bleiben.

> **Beispiel:**
>
> Ein Vater von zwei Söhnen traut dem einen Sohn die Erhaltung und Mehrung des Familienbesitzes zu. Er übergibt also zu Lebzeiten diesem den Familienbesitz und stellt den anderen Sohn mit einer Abfindung gegen Erbverzicht gleich.

Vermeidung von Pflichtteilsansprüchen. Haben Ehegatten sich in einem gemeinschaftlichen Testament zu Alleinerben nach dem Tod des zuerst Versterbenden und ihre Tochter zur Schlußerbin eingesetzt, kann nach dem Tod des zuerst Versterbenden auf den verwitweten Ehegatten ein beträchtlicher Pflichtteilsanspruch des Kindes (regelmäßig in Höhe von ¼) zukommen. Wer diese zukünftige Forderung des Kindes vermeiden will, kann dies mit einer Zahlung gegen Pflichtteilsverzicht erreichen.

Vermeidung von Pflichtteilsansprüchen bei einer Betriebsübernahme. Enterbte Kinder können mit ihren Pflichtteilsansprüchen die Fortführung eines vererbten Betriebs, Geschäfts oder Unternehmens vereiteln und dem Erben das Leben schwer machen. Ohne einen Pflichtteilsverzicht der weichenden Erben, ist eine Unternehmensnachfolge oft schwer umzusetzen.

Existenzaufbau für Kinder oder nahestehende Angehörige – wenn der Vorsorgende also einem Kind mit einem Haus oder einem größeren Geldbetrag bei einer Existenzgründung helfen aber die übrigen Kinder nicht benachteiligen will.

2.8.2 Zweck des Erbverzichts

Regelmäßig kann ein Erblasser beliebig über die Erbfolge entscheiden und pflichtteilsberechtigte Angehörige auch jederzeit ganz enterben; der Erblasser ist deshalb eigentlich nicht darauf angewiesen, daß jemand auf sein künftiges Erbrecht verzichtet. Die Hauptbedeutung des Erbverzichts liegt also in der **Beseitigung des Pflichtteilsrechts**, die der Erblasser regelmäßig nicht einseitig – also letztwillig – verfügen kann. Bedeutsam kann der Erbverzicht aber hinsichtlich der Erbenstellung eines künftigen Erben dann werden, wenn der Erblasser nicht mehr frei entscheiden kann, etwa weil er sich nach dem Tod eines Ehegatten im Falle des gemeinschaftlichen Testaments bereits gebunden hat.

2.8.3 Gegenstand des Verzichts

Mit dem Erbverzicht kann jemand je nach Fallgestaltung auf unterschiedliche Rechtspositionen verzichten:

- Auf seine **gesamte künftige Erbenstellung**, also auch auf das künftige Pflichtteilsrecht; in diesem Fall wird der Verzichtende im Erbfall weder Erbe noch stehen ihm Pflichtteils- oder Pflichtteilsergänzungsansprüche zu.

- Auf einen **Bruchteil des gesetzlichen Erbrechts** (nicht zulässig wäre ein Verzicht auf den gegenwärtigen Nachlaß).

Andere Möglichkeiten der Vorsorge

- **Nur auf den Erbteil** (nicht auf das Pflichtteilsrecht) – in diesem Fall soll der pflichtteilsberechtigte Abkömmling jedenfalls seinen Pflichtteil behalten.
- **Nur auf das Pflichtteilsrecht**, etwa bei einem Erbvertrag mit einem pflichtteilsberechtigten Abkömmling, wenn sich Ehegatten als Alleinerben und den Abkömmling als Schlußerben einsetzen und Pflichtteilsansprüche des Sohnes oder der Tochter nach dem ersten Erbfall der Ehegatten ausgeschlossen sein sollen.
- Nur auf eine **bestimmte Höhe des Pflichtteilsanspruchs**. Weil der Pflichtteilsanspruch eine Geldforderung darstellt, muß der Pflichtteilsberechtigte nicht auf seine ganze Rechtsposition verzichten, sondern kann den Verzicht auf einen bestimmten Betrag beschränken.
- Nur auf den **Pflichtteilsergänzungsanspruch**.

Beispiel:

Einer von drei Brüdern übernimmt das mütterliche Haus und verpflichtet sich zur Pflege der betagten Mutter. Die beiden anderen Brüder erhalten einen finanziellen Abstand im Wert von je ⅓ des Verkehrswerts und verzichten auf ihren Pflichtteilsergänzungsanspruch bezogen auf die Übertragung des Hauses (**gegenständlich beschränkter** Verzicht auf den Pflichtteilsergänzungsanspruch). Ohne einen derartigen Verzicht könnten die bereits in Geld abgefundenen Brüder im Erbfall vom Übernehmer des Hauses im Wert der Zuwendung die Ergänzung ihres Pflichtteils verlangen, wenn die Mutter innerhalb von 10 Jahren verstirbt.

2.8.4 Rechtsfolgen

Mit dem Erbverzicht gibt der künftige Erbe, Pflichtteilsberechtigte oder auch Vermächtnisnehmer seine künftige Rechtsstellung auf.

Der Verzichtende wird im Erbfall also so behandelt, als ob er nicht mehr leben würde. Ein Abkömmling oder der Ehegatte verliert mit dem Pflichtteilsrecht damit seine gesetzliche Mindestbeteiligung am Nachlaß.

Wichtig ist, daß der Erbverzicht eines Abkömmlings auch **zu Lasten seiner Kinder und Enkelkinder** wirkt, also den gesamten Stamm erfaßt. Gleiches gilt für einen Pflichtteilsverzicht.

> **Beispiel:**
>
> Läßt sich ein Sohn von seiner Mutter gegen Verzicht auf seinen künftigen Pflichtteil auszahlen, können auch dessen Kinder (Enkel der Mutter) beim Tod der Mutter keinen Pflichtteil mehr verlangen.

2.9 Gegenleistungen
2.9.1 Nießbrauchsvorbehalt

Der Übergeber eines Hausgrundstücks, eines Erbbaugrundstücks, einer Eigentumswohnung oder auch eines ideellen Miteigentumsanteils an diesen Gegenständen kann sich als Gegenleistung vom Übernehmer den sogenannten **Nießbrauch** vorbehalten.

Was ist ein Nießbrauch? Der Nießbrauch gewährt dem Nießbrauchsberechtigten das Recht, die **Nutzungen** einer Sache zu erzielen, ohne selbst Eigentümer zu sein. Das (förmliche) Eigentum und der praktische Nutzen einer Sache werden also voneinander getrennt.

Andere Möglichkeiten der Vorsorge

> **Beispiel:**
> Hans überträgt seiner Enkelin eine Eigentumswohnung und behält sich selbst für die Dauer von fünf Jahren den Nießbrauch vor. Hier wird die Enkelin mit ihrer Eintragung im Grundbuch Eigentümerin, während Hans für die nächsten fünf Jahre die Mieterträge behalten oder die Wohnung selbst benutzen darf.

Mit dem Nießbrauchsvorbehalt als Gegenleistung eines Übernahmevertrags kann sich der Vorsorgende also bei Übergabe einer Immobilie vom Übernehmer das **Nutzungsziehungsrecht** einräumen lassen, etwa

- weil er die Mieteinnahmen zur Finanzierung eines Pflegeheims oder zur Aufbesserung seiner Rente behalten aber das Hausgrundstück im Wege der vorweggenommenen Erbfolge bereits zu Lebzeiten an einen Angehörigen übertragen will.
- weil er noch bis zu seinem Tode etwa die Eigentumswohnung selbst benutzen will;
- aus steuerlichen Überlegungen.

Die früheren Möglichkeiten, Einkommensteuer dadurch zu sparen, indem ein hochbesteuerter Eigentümer seinem geringverdienenden Sohn den Nießbrauch einräumt und selbst die Abschreibungen behält, sind durch den 2. Nießbrauchserlaß vom 15. 11. 1984 weitgehend beseitigt.

Schenkungsteuerrechtlich hat der Vorsorgende mit der Einräumung eines Nießbrauchs an einen anderen Gestaltungsspielräume.

> **Beispiel:**
> Eine Mutter überträgt ihrer Tochter Eva ein Hausgrundstück und ihrem Sohn Georg den Nießbrauch. Weil in diesem Fall zwei schenkungsteuerpflichtige Erwerbsvorgänge vorliegen, kann Eva die Nießbrauchsbelastung (zugunsten ihres Bruders) vom Wert ihrer Zuwendung abziehen. Georg ist entsprechend dem Barwert des Nießbrauchs schenkungsteuerpflichtig. Liegt der Wert der Zuwendung unter den schenkungsteuerlichen Freibeträgen, fällt eine Schenkungsteuer nicht an.

Hätte sich im vorigen Beispiel die Mutter selbst den Nießbrauch vorbehalten, hätte Eva keine Möglichkeit des Abzugs dieser Belastung gehabt; allerdings würde in diesem Fall der Wert des Nießbrauchs, also der Kapitalwert, welcher auf den Nießbrauchsvorbehalt entfällt, bis zum Erlöschen des Nießbrauchs zinslos gestundet (§ 25 Abs. 1 ErbStG).

Die Rechte und Pflichten sind zwischen Eigentümer und Nießbraucher unterschiedlich verteilt: Weil dem Nießbraucher die Nutzungsmöglichkeiten und die Mieterträge an einem Haus zustehen, hat der Nießbraucher für die **Erhaltung der Sache** in ihrem wirtschaftlichen Bestand zu sorgen (§ 1041 BGB). Dazu gehören vor allem

- **laufende Unterhaltungskosten**, Schönheitsreparaturen, Beseitigung kleiner Schäden, gewöhnliche Reparaturen; nicht jedoch außergewöhnliche Unterhaltungskosten (z. B. Dacherneuerung), die Sache des Eigentümers sind.
- **Versicherungspflicht** gegen Brandschäden sind Sache des Nießbrauchers;
- **öffentliche Lasten**, also etwa **Grund- oder Gewerbesteuer**. Nicht jedoch Erschließungs- oder Anliegerkosten, die als **außerordentliche Lasten** Sache des Eigentümers bleiben;

Andere Möglichkeiten der Vorsorge

- **private Lasten**, z. B. Zinsen für Hypotheken, nicht jedoch Tilgungen auf bestehende Darlehen.

Diese Pflichten- und Lastentragung können die Vertragspartner aber anders regeln, als dies das Gesetz vorsieht.

Der Nießbrauch **erlischt** mit dem im Übergabevertrag angegebenen Zeitpunkt, also etwa mit dem Tod des Berechtigten. Was passiert in diesem Fall etwa mit einem Mietverhältnis, welches der Nießbraucher abgeschlossen hat? Dieses Mietverhältnis geht auf den Eigentümer über, der berechtigt ist, das Mietverhältnis unter Einhaltung der gesetzlichen Kündigungsfrist zu kündigen. Liegt ein Wohnraum-Mietverhältnis vor, muß der Eigentümer – wie auch sonst – ein berechtigtes Interesse (z. B. Eigenbedarf) nachweisen.

> **Beispiel eines Nießbrauchvorbehalts:**
>
> 1. Als Gegenleistung für die heutige Übergabe räume ich meiner Mutter, der Übergeberin, den lebenslänglichen Nießbrauch an meinem Grundstück „In den Haselweiden", Flurstück 9 im Grundbuch von Freiburg, Blatt 10, Flurstück 34, ein.
> 2. In Abweichung der gesetzlichen Bestimmungen hat die Nießbrauchsberechtigte auch die Erhaltungsaufwendungen zu tragen, die über eine gewöhnliche Unterhaltung hinausgehen (§ 1041 BGB). . . .

2.9.2 Wohnrecht

Der Übergeber einer Immobilie in vorweggenommener Erbfolge kann sich vom Übernehmer auch die Möglichkeit des **Wohnens** als Gegenleistung einräumen lassen, um sich damit ein **betreutes Wohnen im Alter** zu sichern oder einfach im übertragenen Haus wohnen bleiben zu können.

Für diesen Zweck stehen dem Übergeber mehrere Möglichkeiten zur Verfügung:

Wohnungsrecht gemäß § 1093 BGB
Diese gebräuchliche sogenannte **beschränkt persönliche Dienstbarkeit** berechtigt den Inhaber des Wohnungsrechts, in einem Gebäude oder einem Gebäudeteil (also etwa einer **Wohnung**) selbst zu wohnen, und zwar unter Ausschluß des Eigentümers. Im Unterschied zum Nießbrauchsrecht muß das Wohnungsrecht also nicht am gesamten Hausgrundstück bestellt werden. Das Wohnungsrecht muß der Berechtigte nicht selbst ausüben; vielmehr kann er auch einen anderen entgeltlich oder unentgeltlich wohnen lassen, wenn ihm das Recht zur Überlassung der Ausübung des Wohnungsrechts eingeräumt worden ist.

Dauerwohnrecht nach § 31 WEG
Dieses Dauerwohnungsrecht ähnelt dem Wohnungseigentum, setzt also eine **Teilungserklärung** und eine **Abgeschlossenheitsbescheinigung** voraus. Der Inhaber des Dauerwohnungsrechts ist nicht Eigentümer, kann jedoch die betreffende Wohnung unter Ausschluß des Eigentümers nutzen. **Steuerrechtlich bedeutsam** ist das Dauerwohnrecht deshalb, weil der Inhaber unter Einhaltung bestimmter Voraussetzungen als **wirtschaftlicher Eigentümer** angesehen werden kann und ihm deshalb der Sonderausgabenabzug und die Abschreibungsmöglichkeiten zustehen. Im übrigen ist das Dauerwohnrecht auch veräußerlich und vererblich.

Wohnungseigentum nach WEG
Selbstverständlich kann der Vorsorgende ein aus mehreren abgeschlossenen Wohnungen bestehendes Haus auch nach dem Wohnungseigentumsgesetz aufteilen, eine Wohnung behalten und nur einzelne Wohnungen auf den Übernehmer übertragen. Hierfür bedarf es einer Abgeschlossenheitsbescheinigung des Bauamts und einer Teilungserklärung mit Teilungsplan.

Das Wohnungseigentum ist also das **Sondereigentum an einer Wohnung** in Verbindung mit dem **Miteigentumsanteil** an dem gemeinschaftlichen Eigentum, zu dem es gehört (§ 1 Abs. 2 WEG). Mit einer Aufteilung ist bei werthaltigen Immobilien gelegentlich

Andere Möglichkeiten der Vorsorge

eine Wertsteigerung verbunden. Vor allem erlaubt die Aufteilung in Wohnungseigentum und Übertragung einzelner Wohnungen eine flexible Vermögensgestaltung. Diesem Vorteil steht jedoch der Nachteil gegenüber, daß der aufteilende Hauseigentümer nach Übertragung eines Wohnungseigentumsrechts nicht mehr „Herr im Haus" ist und für alle Veränderungen des Gemeinschaftseigentums die Zustimmung der übrigen Berechtigten benötigt.

> **Vorsorgen!**
> Die Aufteilung eines Mehrfamilienhauses in Wohnungseigentum bietet eine ideale Möglichkeit, das Vermögen schrittweise an die jüngere Generation abzugeben. Oftmals ist die Aufteilung auch mit einem Wertzuwachs der Immobilie verbunden. Einziger Nachteil: Baumaßnahmen bedürfen der Mitsprache und Einstimmigkeit aller Wohnungseigentümer. Ansonsten gilt, was die Mehrheit der Wohnungseigentümer bestimmt.

Wohnungsreallast
Bei der Wohnungsreallast duldet ein Eigentümer – also im Übergabevertrag der Übernehmer – nicht nur, daß der Übergeber eine Wohnung bewohnt; der Eigentümer hat vielmehr durch eine **positive und wiederkehrende Leistung** eine Wohnung zu gewähren und diese auch zu **erhalten**. Der Eigentümer kann die Wohnung auch mitbenützen.

Beschränkt persönliche Dienstbarkeit
Will der Übernehmer mit dem Übergeber im Haus gemeinsam wohnen – also nicht wie beim Wohnungsrecht, Dauerwohnrecht von der Mitbenutzung ausgeschlossen sein –, kann auch eine beschränkt persönliche Dienstbarkeit gemäß §§ 1090-1092 BGB vereinbart werden.

Wohnraum-Mietvertrag
Wer auf eine grundbuchmäßige Absicherung verzichtet, kann sich auch mit einem üblichen Wohnraum-Mietvertrag leicht und wegen des **sozialen Kündigungsschutzrechts** auch eine meist sichere

Wohnmöglichkeit einräumen lassen. Hierbei sollte darauf geachtet werden, daß der Vermieter auf seine Kündigungsmöglichkeit wegen Eigenbedarfs oder der Verhinderung angemessener wirtschaftlicher Verwertung verzichtet. Diese Mietvertragslösung hat oft **ertragsteuerliche** Vorteile, weil dem Eigentümer bei einem großen und teuren Reparaturstau, der über die Mieterträge hinausgeht, negative Einkünfte aus Vermietung und Verpachtung winken.

Nachteil: Trotz Sozialklausel bietet der soziale Kündigungsschutz keine völlige Garantie, daß der Übernehmer den Mietvertrag etwa wegen künftigen Eigenbedarfs kündigt und der Übergeber im Altenheim landet. Auch muß beachtet werden, daß in einer künftigen Zwangsversteigerung – etwa im Rahmen der Auseinandersetzung der Miterbengemeinschaft – der Mietvertrag vom Ersteher gekündigt werden kann (gesetzliches **Sonderkündigungsrecht**), wenn dieser ebenfalls ein berechtigtes Interesse (also etwa Eigenbedarf) geltend machen kann.

Vorsorgen!

Soll mit einem Wohnraum-Mietvertrag das Wohnen im Alter gesichert werden, sollte auf eine lebzeitige Laufzeit oder auf den Ausschluß der Kündigungsmöglichkeit für die Vermieter wegen Eigenbedarfs oder des Fehlens einer angemessenen wirtschaftlichen Verwertung geachtet werden. Mit einer **Mietvorauszahlung** oder einem sogenannten **verlorenen Baukostenzuschuß** kann der Mieter darüber hinaus erreichen, daß im Falle der Zwangsversteigerung das gesetzliche Sonderkündigungsrecht des Erstehers zeitlich hinausgeschoben wird. Sinnvoll kann sich der Übergeber und künftige Mieter auch ein Vorkaufsrecht einräumen lassen, um den Verkauf an einen Dritten zu verhindern. Noch sicherer wäre die **auflösende Bedingung** oder das **Rücktrittsrecht** des Übergabevertrags, für den Fall der Kündigung des Mietverhältnisses.

2.9.3 Das Altenteil (Leibgeding)

Die Übergabe von Grundstücken, vor allem **landwirtschaftlicher** Anwesen oder gewerblicher Betriebe kann mit dem **Leibgeding** kombiniert werden. Der Volksmund sagt: „Ich ziehe mich auf mein Altenteil zurück".

Unter einem **Leibgeding** versteht man die meist lebenslängliche **leibliche und persönliche Versorgung des Berechtigten**, die im Falle des Übergabevertrags vom Übernehmer aus der übergebenen Wirtschaftseinheit dem Übergeber erbracht wird. Eine Grundstücksüberlassung ist sehr häufig, für die Existenz eines Leibgedings aber nicht notwendig.

Mit dem Leibgeding als Gegenleistung des Übernehmers in vorweggenommener Erbfolge kann sich der Übergeber etwa einräumen lassen:

- ein lebenslanges **Wohnrecht** (vgl. oben)
- **Hilfe im Alter** – vereinbart werden können Dienstleistungen, Botengänge, Theaterbesuche, Einkäufe, Bereitstellen von Speisen, Versorgen der Wäsche, Pflege und Wartung an gesunden und kranken Tagen;
- **Lieferung von landwirtschaftlichen Erzeugnissen**, Holz, Gas, Strom;
- **Übernahme von Pflegekosten**, Beerdigungs- und Grabpflegekosten.

Die im Leibgeding zusammengefaßten Versorgungsansprüche des Berechtigten können unter dem einheitlichen Begriff des Leibgedings (§ 49 GBO) im Grundbuch eingetragen werden und sind meistens eine Verbindung zwischen beschränkt persönlichen Dienstbarkeiten, Reallasten oder auch einem Nießbrauch. Weil die Reallasten nicht mit dem Tod des Übergebers und Berechtigten erlöschen, sondern vielmehr vererblich sind, ist es **wichtig**, das Leibgeding auf die Lebenszeit des Berechtigten zu befristen.

> **Beispiel:**
> Als Gegenleistung für die heutige Übergabe des landwirtschaftlichen Anwesens verpflichtet sich Hans seinen Eltern als Gesamtgläubigern unentgeltlich das nachfolgende Altenteil zu Lasten des Flurstücks Nr. ... zu bestellen:
> 1. Wohnungsrecht gemäß § 1093 BGB an der im 1. Obergeschoß des Hauses befindlichen 3-Zimmer-Wohnung, bestehend aus drei Zimmern, Küche, Bad, WC, zur alleinigen Benutzung unter Ausschluß des Eigentümers und Mitbenutzung des Hausgartens. Das Wohnungsrecht an der Wohnung kann Dritten zur Ausübung auch entgeltlich überlassen werden.
> 2. Pflege und Wartung an gesunden und kranken Tagen einschließlich Teilhabe an einer gemeinsamen Mahlzeit am Tag und Zubereitung und Verabreichung von Speisen (Reallasten).
> 3. Übernahme von Pflegekosten, welche durch die Altersrente und Pflegeversicherung nicht gedeckt sind (Reallast).
> 4. Standesgemäße Beerdigung und Grabpflege (Reallast) bis zu 5 Jahren nach dem Tod des Letztsterbenden.
> 5. Mit Ausnahme der Pflichten gemäß Ziffer 4 erlöscht das Leibgeding mit dem Tod des Berechtigten.

2.9.4 Pflegeverpflichtung – Hauspflege

Auch außerhalb eines Leibgedings, das eine Versorgung des weichenden Betriebsinhabers aus einer wirtschaftlichen Einheit ermöglicht, kann sich jeder Übergeber vom Übernehmer auch die **Pflege und Wartung** an gesunden und kranken Tagen und je nach Werthaltigkeit der übergebenen Immobilie einen Altenheimaufenthalt ersparen. Diese Pflege im Kreise nächster Familienangehöriger im Hause dürfte bei knapper werdenden Rentenkassen in Zukunft an Bedeutung gewinnen. Die Pflegeverpflichtung kann in der Form einer **Reallast** (wie im Beispiel zum Leibgeding) als Belastung eines Grundstücks in das Grundbuch eingetragen werden.

Mindert eine derartige Verpflichtung die **Schenkungsteuer?** Nach der Finanzverwaltung (OFD Koblenz, Verfügung vom 28. 2. 1996) bleibt die Pflegeverpflichtung zunächst unberücksichtigt. Die Schenkungsteuer wird vielmehr so festgesetzt, als würde die Pflegeverpflichtung nicht bestehen. Bei Eintritt des Pflegefalls kann der Steuerpflichtige allerdings die Änderung der ursprünglichen Steuerfestsetzung und die steuermindernde Berücksichtigung der Pflegeverpflichtung verlangen. Bei der Bewertung der Pflegeverpflichtung können die Sätze nach dem Pflegeversicherungsgesetz herangezogen werden.

2.9.5 Leibrente

Soll mit der im Übergabevertrag zu übergebenden Immobilie eine **finanzielle Gegenleistung** an den Übergeber in Form einer **Rente** fließen, bietet sich die **Leibrente** an. Die Leibrente stellt jedoch nichts anderes als einen Grundstückskaufpreis dar, welcher verrentet wird.

Die Höhe der Leibrente wird in der Weise ermittelt, daß der beabsichtigte Kaufpreis mit einer entsprechenden Verzinsung für die Laufzeit der Rente in gleich hohe monatlich zu zahlende Beträge aufgeteilt wird, wobei die Laufzeit nach der durchschnittlichen Lebenserwartung des Übergebers anhand der üblichen Sterbetafeln bestimmt wird.

Als Gegenleistung einer Grundstücksübertragung muß das Leibrentenversprechen im Übergabevertrag beurkundet werden.

Der Übergeber wie auch der Übernehmer tragen bei der Übertragung gegen ein Leibrentenversprechen ein beträchtliches **Risiko**, weil die durchschnittliche Lebenserwartung erheblich von der wirklich verbleibenden Lebenszeit des Berechtigten abweichen kann.

> **Vorsorgen!**
> Bei der Vereinbarung eines Leibrentenversprechens sollten sich die Vertragspartner auf einen **Mindestkaufpreis** verständigen, der im Falle des unerwarteten vorzeitigen Todes eines Übergebers unter Berücksichtigung der bereits erbrachten Rente an einen Dritten zu zahlen wäre.

2.9.6 Gleichstellungsgeld und Wertsicherung

Übernimmt ein Sohn oder eine Tochter Immobilien zu Lebzeiten der Eltern, werden diese üblicherweise darauf achten, daß die Übernehmer mit den übrigen Geschwistern gleichgestellt werden. Neben einem **Gleichstellungsgeld**, welches den Zweck hat, die künftigen Erben hinsichtlich ihrer Vorempfänge (z.B. ausgleichungspflichtige Ausstattungen) gleichzustellen, kann auch der Übernehmer verpflichtet werden, den übrigen Geschwistern einen Geldbetrag zukommen zu lassen, welcher ihrem gesetzlichen Erbrecht entspricht. Bei einer derartigen vom Übernehmer einzugehenden Verpflichtung dürfte regelmäßig eine Schenkungsauflage oder eine Bedingung der Schenkung gesehen werden.

> **Beispiel:**
>
> Die Eltern übergeben ihrem bauwilligen Sohn Hans ein Baugrundstück und ordnen im Übergabevertrag an, daß Hans seiner Schwester Grete beim Tod des letztversterbenden Elternteils oder wenn er das Grundstück weiterverkaufen sollte, den hälftigen Wert des Grundstücks auszahlen muß, welchen das Grundstück beim Tod oder Verkauf hat.

In diesem Beispielsfall ist die Höhe des Ausgleichsanspruchs von Grete an die Wertentwicklung der konkret übergebenen Immobilie angepaßt. Bei steigenden Immobilienpreisen ist Grete abgesichert.

Möglich wäre auch, daß die Höhe der Ausgleichszahlung **indexiert**, also von der Entwicklung eines gängigen **Lebenshaltungskostenindex** abhängig gemacht wird (z. B. „aller privaten Haushalte in Deutschland" oder „4-Personen-Haushalte von Arbeitern und Angestellten mit mittlerem Einkommen").

Derartige Lebenshaltungskostenindizes werden regelmäßig vom statistischen Bundesamt veröffentlicht. Bei einer derartigen **Wertsicherung** muß aber stets die Genehmigungspflicht der Bundesbank beachtet werden, welche nach dem Stabilitätsgesetz für die Geldwertstabilität zu sorgen hat. Man unterscheidet zwischen drei Arten der Wertsicherung:

Gleitklauseln

Gleitklauseln bedürfen der Genehmigung der Bundesbank und liegen dann vor, wenn die Änderung der Bezugsgröße automatisch zu einem anderen – höheren oder niederen – Kaufpreis für das Grundstück führt. Derartige Gleitklauseln sind nach den Grundsätzen der Deutschen Bundesbank nur dann **genehmigungsfähig**, wenn es sich um Zahlungen handelt

- aufgrund der Verbindlichkeit aus der Auseinandersetzung zwischen Miterben, Ehegatten, Eltern, Kinder;
- aufgrund einer letztwilligen Verfügung oder
- aufgrund einer Abfindung bei der Übernahme eines Betriebs oder sonstigen Sachvermögens.

In all diesen Fällen muß zwischen dem Entstehen der Verbindlichkeit und der Endfälligkeit ein Zeitraum von mindestens 10 Jahren liegen oder die Zahlungen nach dem Tod eines Beteiligten zu erbringen sein.

Genehmigungsfreier Leistungsvorbehalt

Ein genehmigungsfreier Leistungsvorbehalt liegt vor, wenn sich der Wert der vereinbarten Leistung **nicht automatisch** mit Veränderung des Lebenshaltungskostenindizes ändert. In diesem Fall besteht bei der Neufestsetzung der Leistung ein der Höhe nach – wenn auch – eingeschränkter Verhandlungsspielraum.

> **Beispiel:**
>
> „Die Vertragspartner können vom jeweils anderen Teil Verhandlungen über eine angemessene Anpassung der Zahlungen verlangen, wenn sich der Preisindex für Lebenshaltungskosten aller privater Haushalte (Basis 1991 = 100, veröffentlicht vom Statistischen Bundesamt) zwischen dem 1. 1. 1997 und dem Fälligkeitszeitpunkt um mehr als durchschnittlich 3% pro Jahr erhöht oder ermäßigt.
>
> Die Neufestsetzung der Zahlungsverpflichtung soll der gesamten Veränderung des Index angemessen sein. Sie hat der Billigkeit zu entsprechen und der Änderung der wirtschaftlichen Verhältnisse insgesamt Rechnung zu tragen."

Spannungsklauseln
Spannungsklauseln sind ebenfalls genehmigungsfrei und liegen bei Vereinbarungen vor, die durch eine geschuldete Geldleistung in Abhängigkeit von Preis und Wert von Gütern gesetzt wird, die mit der Gegenleistung, für die die Geldschuld zu entrichten ist, gleichwertig oder vergleichbar ist.

> **Beispiel:**
>
> Die Kaufpreisrente ist an den Ertragswert der Immobilie angepaßt.

Bei längeren Zeitabständen zwischen Übergabe eines Grundstücks und Ausgleichspflichten des Übernehmers treten nicht selten Wertsteigerungen ein, die auch mit der Bezugnahme auf einen Lebenshaltungskostenindex nicht annähernd erfaßt werden können.

> **Beispiel:**
>
> Übergabe von landwirtschaftlichen Grundstücken, die von einer Gemeinde zum Bauland ausgewiesen werden.
>
> Rechnen die Vertragspartner eines Übergabevertrags mit derartig hohen Wertsteigerungen, sollte zur **Spekulationsabschöpfung** eine entsprechende Vereinbarung getroffen werden, etwa wie im vorigen Beispiel, daß der Wertausgleich nicht bei Abschluß des Übergabevertrags, sondern zur Zeit einer (Weiter-) Veräußerung oder des Todes des Übergebers nach den dann vorhandenen Wertverhältnissen erfolgen soll.

2.10 Erbausgleich des nichtehelichen Kindes

Solange die gegenwärtige gesetzliche Regelung noch gilt – nach dem geplanten Erbrechtsgleichstellungsgesetz soll die Vorschrift entfallen –, kann ein nichteheliches Kind, welches das **21. Lebensjahr** aber noch nicht das **27. Lebensjahr** vollendet hat, von seinem Vater einen **vorzeitigen Erbausgleich in Geld** verlangen.

Der Ausgleichsbetrag beläuft sich auf das **Dreifache** des Jahresunterhalts, den der Vater dem Kinde schuldete. Mit einer wirksamen **Vereinbarung** oder rechtskräftigen Verurteilung des Vaters ist das nichteheliche Kind beim Tod des Vaters nicht mehr erb- oder pflichtteilsberechtigt. Auch der Vater hat im Todesfall des Kindes keine erbrechtlichen Ansprüche mehr.

2.11 Die Lebensversicherung und sonstige Verträge zugunsten Dritter

2.11.1 Arten der Lebensversicherung

Die private Lebensversicherung gewinnt mit dem Verfall der staatlichen Rentenversicherung noch mehr an Bedeutung und bleibt eine **wichtige Form** der privaten Vorsorge. Neben ihrer (noch vorhandenen) steuerlichen Begünstigung ist die private Lebensversicherung erbrechtlich deshalb besonders interessant, weil die ausgezahlte Versicherungssumme einer Versicherung auf den Todesfall **nicht** in den **Nachlaß** fällt und damit außerhalb des Erbrechts eine Vermögensvorsorge ermöglicht.

Herkömmlich wird zwischen folgenden Lebensversicherungen und den sonstigen Verträgen zugunsten Dritter wie folgt **unterschieden:**

- **Erlebensfallversicherung** – die Versicherungssumme wird zu einem bestimmten Lebensalter des Versicherten oder Versicherungsnehmers ausbezahlt und dient der Altersversorgung, Aussteuer- oder Studienfinanzierung.

- **Todesfallversicherung** – die Versicherungssumme wird beim Tode der Person, auf deren Leben die Versicherung genommen wird, fällig. Mit der Todesfallversicherung kann der Vorsorgende unterschiedliche Ziele verfolgen, etwa
  - Zuwendung eines Geldbetrags an Personen, die er nicht erbrechtlich bedenken will,
  - Finanzierung eines Pflichtteilsanspruchs,
  - Finanzierung der Erbschaftsteuer bei einem großen Nachlaß oder Zuwendungen an nicht durch günstige Erbschaftsteuerklassen begünstigte Personen insbesondere den nichtehelichen Lebenspartner.

- **Beerdigungskosten** – die Versicherung wird für den Fall des Todes eines anderen abgeschlossen und ist der Höhe nach begrenzt.

- **Bausparverträge** mit Drittbegünstigung auf den Todesfall.

Andere Möglichkeiten der Vorsorge 185

- Vereinbarung mit der Bank, nach dem Tode des Kontoinhabers einen Betrag an einen Dritten auszuzahlen.
- Vereinbarung mit der Bank, deponierte Wertpapiere nach dem Tod an einen Dritten auszuhändigen.
- **Witwenversorgung** im Rahmen betrieblicher Altersversorgung.
- Anlegung eines Festgeldkontos auf den Namen eines Dritten, wobei die eigene Verfügungsbefugnis bis zum Tod vorbehalten ist.

2.11.2 Erbrechtliche Bedeutung der Todesfallversicherung

Der wichtigste Grund für den Abschluß einer Todesfallversicherung bildet oft die Sicherung des Lebensunterhalts für die Familie. Weil die nahen Angehörigen aber meistens zugleich gesetzliche oder durch Testament eingesetzte Erben sind und damit ohnehin den gesamten Nachlaß erhalten, gewinnt die Todesfallversicherung in den Fällen ihre besondere Bedeutung, in denen der Vorsorgende **außerhalb des Erbrechts** und **unabhängig** vom künftigen **Nachlaß** einem anderen eine finanzielle Zuwendung machen will. Die Versicherungssumme fällt nicht in den Nachlaß.

Beispiel:

Die verwitwete Hausbesitzerin Karin Maier enterbt ihre Kinder und setzt ihre Nichte zur Alleinerbin ein. Kurz vor ihrem Tod ändert sie das Bezugsrecht für ihre seit erst 2 Jahren bestehende Lebensversicherung, aus der eine Versicherungssumme (einschließlich Gewinnanteil) von über 200.000,- DM zu erwarten ist, zugunsten ihres „Kurschattens", den sie letzten Herbst bei ihrem Kuraufenthalt in Baden-Baden kennengelernt hat.

Beim Tod von Frau Maier erwirbt der bezugsberechtigte „Kurschatten" die Versicherungssumme unmittelbar von der

> Versicherungsgesellschaft. Die erbende Nichte kann nicht verlangen, daß ihr die Versicherungssumme ausbezahlt wird, weil der Anspruch auf die Versicherungssumme nicht in den Nachlaß fällt. Der Anspruch auf die Versicherungssumme hat zu Lebzeiten nicht zum Vermögen der Versicherungsnehmerin gehört und fällt folglich mit dem Tod nicht in den Nachlaß. Andererseits können auch die enterbten und ihren Pflichtteil fordernden Kinder nicht von der Alleinerbin verlangen, daß ihre Pflichtteilsansprüche aus dem um die Versicherungssumme erhöhten Nachlaßwert berechnet werden. Ihnen kann lediglich das Recht der Pflichtteilsergänzung zustehen, jedoch nicht in Höhe der Versicherungssumme, sondern der geringen – weil erst seit 2 Jahren eingezahlten – Versicherungsprämien, wenn insofern eine Schenkung anzunehmen ist.

Dieses Beispiel zeigt, daß die Todesfallversicherung eine Möglichkeit darstellen kann, einem anderen Menschen eine vermögensrechtliche Zuwendung zu machen, ohne auf die erbrechtlichen Mittel wie Erben- oder Vermächtniseinsetzung zurückgreifen zu müssen.

So verschiedenartig das Leben ist, so unterschiedlich können auch die Absichten und Ziele einer derartigen Vorsorge sein. Der Versicherungsnehmer kann bestimmen, wer im Todesfall bezugsberechtigt sein soll, also die Versicherungssumme erhält.

2.11.3 Bezugsberechtigte

Als Bezugsberechtigte kommen die nachstehenden Personengruppen in Betracht:

Die Erben

Bestimmt der Versicherungsnehmer einer Todesfallversicherung seine **Erben** als bezugsberechtigt, erhalten die gesetzlichen oder gewillkürten Erben mit dem Tode des Versicherungsnehmers die Versicherungssumme.

Andere Möglichkeiten der Vorsorge

> **Vorsorgen!**
> Der Abschluß einer Todesfallversicherung zugunsten der Erben ist dann zu empfehlen, wenn damit zu rechnen ist, daß die künftigen Erben den Nachlaß wegen Überschuldung ausschlagen werden. Schließt für diesen Fall der Erblasser eine Lebensversicherung ab, steht den Erben trotz Ausschlagung der Erbschaft die Versicherungssumme zu, welche – wie wir gesehen haben – nicht in den Nachlaß fällt.

Der Ehegatte

Bestimmt eine Versicherungsnehmerin lediglich „mein Ehegatte" ohne Zusatz des Namens als bezugsberechtigt, kann die Auslegung dieser Bezugsberechtigung für den letzten beim Tod der Versicherungsnehmerin vorhandenen Ehegatten sprechen, obwohl zur Zeit des Abschlusses der Lebensversicherung die Versicherungsnehmerin mit ihrem früheren Ehemann verheiratet war. Umgekehrt spricht das auf

meine Ehefrau Hildegard, geb. Fischer

lautende Bezugsrecht für ein Bezugsrecht von Hildegard auch, wenn die Eheleute zwischenzeitlich geschieden sind und damals niemand mehr an die Lebensversicherung gedacht hat.

> **Vorsorgen!**
> Bei der Bezugsberechtigung sollte der Vorsorgende ausreichend deutlich machen – notfalls mit einer auflösenden Bedingung – wer in den Genuß der Lebensversicherungssumme im Todesfall kommen soll.
>
> **Zum Beispiel:**
> Bezugsrecht: „meine Ehefrau Hildegard, geb. Fischer, für den Fall, daß wir zur Zeit meines Todes noch verheiratet sind; im anderen Fall mein Sohn Georg."

Die Geliebte

Gelegentlich empfehlen Erbrechtsratgeber, daß die Lebensversicherung ideal wäre, einer Geliebten Geld zukommen zu lassen, ohne daß die Erben oder die Ehefrau dies verhindern könnten. Dieser sogenannte Rat ist aber nur solange gut, wie die pflichtteilsberechtigten Kinder oder etwa der durch gemeinschaftliches Testament geschützte Ehegatte hiervon nichts erfährt. Andernfalls können sie im Wege der Pflichtteilsergänzung zwar nicht die Versicherungssumme beanspruchen, jedoch bei der Pflichtteilsberechnung verlangen, so gestellt zu werden, wie wenn die vom Erblasser eingezahlten Versicherungsprämien zum vorhandenen Nachlaß gehören würden. Im übrigen ist in diesen Fällen stets die Sittenwidrigkeit des Rechtsgeschäfts zu prüfen. Rechtsrat ist erforderlich.

Pflichtteilsberechtigte

Für aus guten Gründen enterbte oder im Wege der vorweggenommenen Erbfolge nicht berücksichtigte Kinder, die etwa einen elterlichen Betrieb nicht übernehmen können, kann sich anstelle der Auszahlung eines Geldbetrages auch der Abschluß einer Lebensversicherung anbieten.

Stets zu prüfen hat der Versicherungsnehmer, ob er das Bezugsrecht auf die Versicherungssumme dem Begünstigten **widerruflich** oder **unwiderruflich** einräumen will.

Das Gesetz bestimmt eine Auslegungsregel, wonach die Bezugsrechtsbestimmung als widerruflich anzusehen ist. Von dieser gesetzlichen Auslegungsregel sollte der Versicherungsnehmer mit einer unwiderruflichen Bezugsrechtsbestimmung nur dann abweichen, wenn er sich seiner Sache ganz sicher ist.

> **Beispiel:**
> Hans übernimmt den elterlichen Immobilienbetrieb. Seinem Bruder Thomas räumt der Vater zum Ausgleich ein unwiderrufliches Bezugsrecht an einer hohen Lebensversicherung ein.

Unwiderrufliche Bezugsrechtsbestimmungen sind also nur in den Fällen sinnvoll, in denen ein bindender Ausgleich für einen weichenden Erben im Wege der vorweggenommenen Erbfolge geschaffen werden soll.

> **Vorsorgen!**
> Keine unwiderruflichen Bezugsrechtsbestimmungen in Lebensversicherungsverträgen erklären, wenn nicht triftige Gründe hierfür sprechen!

2.11.4 Lebensversicherung zur Finanzierung des Pflichtteils oder der Erbschaftsteuer

Mit einer Todesfallversicherung kann der Vorsorgende auch ganz spezielle erbrechtliche Ziele verfolgen, etwa künftige Pflichtteilsansprüche von Abkömmlingen oder die Erbschaftsteuer finanzieren. In der sehr häufig vorkommenden Konstellation des gemeinschaftlichen Testaments von Ehegatten können auf den überlebenden Ehegatten nicht selten sehr erhebliche Pflichtteilsansprüche der nach dem ersten Erbfall enterbten Kinder zukommen, die den verbleibenden Ehegatten zur Veräußerung des Hauses zwingen kann.

> **Beispiel:**
>
> Die Eheleute Hans und Doris leben im gesetzlichen Güterstand und setzen sich in einem Berliner Testament zu den jeweiligen Alleinerben nach dem Tod des zuerst versterbenden Ehegatten ein. Ihre beiden Kinder sollen erst nach dem Tode des längstlebenden Elternteils zur Erbschaft berufen sein. Zu Lebzeiten haben Hans und Doris bis auf ihr Haus, das mittlerweile einen beachtlichen Wert von 1 Mio. DM hat – Miteigentumsanteile der Ehegatten je zu ½ –, kein nennenswertes Vermögen.
>
> Stirbt Hans, erwirbt Doris die Haushälfte von Hans und muß die Forderung ihrer Kinder nach dem Pflichtteil (zweimal ⅛ von 500.000,– DM) mit insgesamt 125.000,– DM erfüllen. Dies kann sie mit ihrer bescheidenen Witwenrente nicht. Kommt es zu keiner Einigung mit den Kindern, droht die **Zwangsversteigerung** oder der Verkauf des Hauses.

In dieser Situation hätte der Abschluß einer Lebensversicherung helfen können: Bei einer Bezugsberechtigung zugunsten der Ehefrau hätten sich die Pflichtteilsansprüche der Kinder nicht erhöht, weil die Versicherungssumme – wie erwähnt – nicht in den Nachlaß fällt. Weil die Lebensversicherung zugunsten der Ehefrau jedoch eine **erbschaftsteuerlich** zu behandelnde Zuwendung darstellt (§ 3 Abs. 1 Ziff. 4 ErbStG), empfehle ich zugunsten der Kinder eine Lebensversicherung in Höhe des zu erwartenden Pflichtteils abzuschließen und bei Abschluß der Lebensversicherung gegenüber den Kindern zu bestimmen, daß die Zuwendung der Versicherungssumme auf ihren Pflichtteil anzurechnen ist (§ 2315 BGB).

> **Vorsorgen!**
> Mit einer Lebensversicherung auf den Todesfall können Pflichtteilsansprüche weichender Erben finanziert werden. Gleiches gilt im Falle der vorweggenommenen Erbfolge, wenn der Übergeber mit den Pflichtteilsberechtigten keinen Pflichtteilsverzicht vereinbaren kann.

2.12 Gebrechlichkeit und Betreuung

Immer wieder führt die menschlich verständliche Verdrängung von Alter, Gebrechen und Tod dazu, daß handfeste Rechtsprobleme entstehen, die bei einiger Vorsorge leicht hätten vermieden werden können. Krankheit und Alter können nicht nur dazu führen, daß sich ein Mensch nicht mehr selbst versorgen kann. Vielmehr büßt er auch gelegentlich seine **rechtliche Handlungsfähigkeit**, also die **Geschäftsfähigkeit** ein. Geschäftsunfähige können kein Geld mehr von der Bank abheben, nicht mehr frei entscheiden, wer sie pflegen soll und auch – wie wir oben gesehen haben – kein Testament mehr errichten. Ein Geschäftsunfähiger ist also rechtlich handlungsunfähig. Umgekehrt kann auch ein älterer Mensch noch im Vollbesitz seiner geistigen Kräfte, physisch aber nicht mehr in der Lage sein, ein Schriftstück aufzusetzen, zur Bank oder zum Notar Kontakt aufzunehmen. Wie kann **vorgesorgt** werden?

2.12.1 Die Gebrechlichkeits- und Vorsorgevollmacht

Bei einer sich abzeichnenden Gebrechlichkeit im Sinne einer körperlichen oder geistigen Behinderung, die nicht unbedingt zur Geschäftsunfähigkeit führen muß, kann eine **Gebrechlichkeitsvollmacht** zugunsten eines Nahestehenden die Selbständigkeit des Vorsorgenden sicherstellen. Mithilfe dieser Gebrechlichkeitsvollmacht kann der Vollmachtgeber vermeiden, daß ihm das Vormundschaftsgericht einen Betreuer zu Verfügung stellen muß. Hauptsächlich dient diese auch als **Vorsorgevollmacht** bezeichnete Vollmacht dazu, einer drohenden Geschäftsunfähigkeit zu begegnen. Die Vollmacht kann vom Eintritt der bevorstehenden Geschäftsunfähigkeit abhängig gemacht werden. Denkbar ist auch, daß die Wirksamkeit der Vorsorgevollmacht vom Nachweis eines ärztlichen Attests abhängig gemacht wird.

Die Vorsorgevollmacht **erlischt** ihrem Zweck entsprechend **nicht** mit der **Geschäftsunfähigkeit** des Vollmachtgebers.

Als Bevollmächtigte kommen nahestehende Personen – etwa der Ehegatte, ein Kind oder auch ein nach dem Berufsrecht zur Verschwiegenheit verpflichteter Rechtsanwalt in Betracht. In jedem Fall sollte es sich um eine Vertrauensperson handeln.

Der Bevollmächtigte kann für den Vollmachtgeber folgende Handlungen vornehmen:

- **sämtliche Rechtsgeschäfte**; ausgeschlossen sind aber höchstpersönliche Rechtsgeschäfte. Ein Testament kann der Erblasser nur persönlich errichten (§ 2064 BGB). Ein mit einer Vorsorgevollmacht ausgestatteter Nahestehender kann hier also nicht helfen. Dies ist ein Grund mehr, rechtzeitig vorzusorgen.
- Einwilligung oder Versagung von **Heilbehandlungen**, wenn diese nicht ebenfalls als höchstpersönlich anzusehen sind.
- Bestimmung des **Aufenthaltsorts** oder des **Umgangs**.

> **Vorsorgen!**
>
> Im Falle der Gebrechlichkeit hat die Frage, ob eine Hauspflege oder ein Heimpflegeaufenthalt (welches Heim?) gewählt werden soll, oftmals eine existentielle also lebensverlängernde Bedeutung. Hier ist besonders wichtig, wer, also welcher Vertreter, diese Frage entscheiden soll.

2.12.2 Die Altersvorsorgevollmacht

Auch ohne eine unmittelbar bevorstehende Gebrechlichkeit oder Geschäftsunfähigkeit, kann es sinnvoll sein, einem nahen Angehörigen oder einer sonstigen Vertrauensperson eine Vollmacht einzuräumen. Altersvollmachten können – müssen aber nicht – von einer Gesundheitsbeeinträchtigung abhängig gemacht werden. Auf die Ausführungen zur Gebrechlichkeitsvollmacht kann im übrigen verwiesen werden.

Beispiel einer Vorsorgevollmacht:

Für den Fall, daß ich meine Angelegenheiten ganz oder teilweise nicht mehr selbst besorgen kann, weil ich krank oder körperlich, geistig oder seelisch behindert bin, ordne ich folgendes an:

1. Mein Nachbar Fritz Gehlert, Hausstr. 11 in 79100 Freiburg, erhält Vollmacht, mich umfassend in allen Aufgabenkreisen der Sorge für die Person und des Vermögens (Aufenthaltsbestimmung, Heilbehandlung und Vermögenssorge) zu vertreten.

2. Für die Überwachung des Vorsorgebevollmächtigten Fritz Gehlert bestelle ich meinen Rechtsanwalt Dr. Zuverlässig.

3. Für den Fall, daß ungeachtet dieser Vorsorgevollmacht ein Betreuer bestellt werden muß, sollen mein einziger Verwandter und Neffe Georg und dessen Angehörige auf keinen Fall zu meinen Betreuern bestellt werden.

Emmendingen, den 1. 3. 1997

Heinz Meier

2.12.3 Vollmacht auf den Todesfall und über den Tod hinaus

Mit oder ohne einem Testament kann der Vorsorgende einem anderen Menschen eine Vollmacht erteilen, die über seinen Tod hinaus gültig ist (sogenannte **postmortale Vollmacht**). Die Vollmacht kann auch erst ab dem Tod wirksam sein und ist in diesem Fall auf den Todesfall erteilt. Eine zu Lebzeiten erteilte Vollmacht **erlischt** grundsätzlich **nicht** mit dem Tod des Vollmachtgebers. Dies führt zu der Rechtsfolge, daß der Bevollmächtigte auch über den Tod hinaus wirksam Rechtsgeschäfte für die Erben hinsichtlich des Nachlasses tätigen kann.

Mit dieser Möglichkeit gewinnt die postmortale Vollmacht eine ähnliche Bedeutung wie sie einer Testamentsvollstreckung zukommt: Der Erblasser kann mit Hilfe seines Bevollmächtigten über seinen Tod hinaus rechtsgeschäftliche Verpflichtungen und Verfügungen über den Nachlaß treffen. Dies kann vor allem für die Zeit zwischen dem Todesfall und dem Bekanntwerden der Erben bedeutsam sein. Allerdings können die Erben die postmortale Vollmacht jederzeit **widerrufen**.

Rechtsgeschäfte, die der Vertreter jedoch vor einem Widerruf abgeschlossen hat, sind voll gültig. Unter bestimmten Umständen kann eine postmortale Vollmacht auch als unwiderruflich angesehen werden. Will der Erblasser umgekehrt nicht, daß sein Vertreter von einer **Bankvollmacht** nach seinem Tod Gebrauch macht, muß dieser Umstand am besten gegenüber der Bank zum Ausdruck gebracht werden. Schließlich kann der Erblasser seinem Testamentsvollstrecker zusätzlich noch eine Vollmacht über den Tod hinaus erteilen. In diesem Fall unterliegt der Testamentsvollstrecker als **Generalbevollmächtigter** nicht den Beschränkungen bei der Verfügung über Nachlaßgegenstände; er kann folglich auch unentgeltlich verfügen.

Beispiel einer allgemeinen Vollmacht mit Einschränkungen:

Ich, Hans Fröhlich, bestelle meine Ehefrau Lisa Fröhlich zu meiner allgemeinen Bevollmächtigten:

1. Die Bevollmächtigte ist berechtigt, mich in allen Rechtsgeschäften zu vertreten und alle meine Angelegenheiten für mich zu besorgen und zu regeln; ausgenommen hiervon sind die Begründung, Aufhebung und Übertragung von Grundstücksrechten.

2. Die Bevollmächtigte ist von den Beschränkungen des § 181 BGB befreit (Selbstkontrahieren).

3. Diese Vollmacht gilt über meinen Tod hinaus.

4. Die Vollmacht kann jederzeit von mir oder meinen Erben widerrufen werden.

Will Hans im Beispiel seine Ehefrau für den unwiderruflichen Erwerb oder Verkauf eines Grundstücks beauftragen, muß die Vollmacht **notariell beurkundet** werden. Einer notariellen Beglaubigung bedarf die Vollmacht dann, wenn der Vertreter berechtigt sein soll, für den Vertretenen eine Erbschaft auszuschlagen oder in einer Zwangsversteigerung als Bieter aufzutreten.

2.12.4 Betreuungsverfügungen

Kann ein Volljähriger aufgrund einer psychischen oder körperlichen Krankheit seine Angelegenheiten ganz oder teilweise nicht besorgen, so bestellt das Vormundschaftsgericht auf seinen Antrag oder von Amts wegen für ihn einen **Betreuer** (§ 1896 BGB).

Mit einer sogenannten **Betreuungsverfügung** kann der Betreuungsbedürftige im Rahmen des Betreuungszwecks wichtige Angelegenheiten selbst bestimmen, die andernfalls „über seinen Kopf hinweg" vom Vormundschaftsgericht angeordnet werden müßten:

- Die **Person** des Betreuers
  hat für viele Betreuungsbedürftige eine sehr wichtige Bedeutung. Weil das Vormundschaftsgericht verwandtschaftliche und persönliche Bindungen bei der Auswahl des Betreuers zu berücksichtigen hat, kann durch eine Betreuungsverfügung auch angeordnet werden, wer **nicht** Betreuer werden soll.
- Die **Lebensgestaltung** während der Betreuung
  Der Betreuer hat Wünschen des Betreuten zu entsprechen, soweit dies dessen Wohl nicht zuwiderläuft (§ 1901 BGB).
- Regelungen zu **medizinischen Eingriffen** und zur Sterbeweise
- Regelungen zur **Wohnung**
  Schließlich kann der Betreute mit einer Betreuungsverfügung darüber mitentscheiden, wie und wo er wohnen will: Selbstverständlich darf auch hier der Betreuungszweck nicht gefährdet werden.

2.12.5 Doppel- und Ersatzbevollmächtigung

Zur Vermeidung eines Mißbrauchs empfiehlt es sich gelegentlich insbesondere bei wichtigen Geschäften eine **Doppelbevollmächtigung** unter Ausschluß des wechselseitigen Widerrufsrechts an zwei Personen zu erteilen. Sinnvoll kann auch die Bestellung einer **Ersatzbevollmächtigung** für den Fall sein, daß der Bevollmächtigte wegfällt. Insbesondere bei einer Bevollmächtigung des gleichaltrigen (ebenfalls betagten) Ehepartners empfehle ich, über eine Ersatzbevollmächtigung nachzudenken.

3 Wer hilft bei der Vorsorge? – Der Erbrechtsberater

Der erste Teil des Ratgebers hat gezeigt, daß das gesetzliche Erbrecht nicht in allen Fällen paßt und deshalb die erbrechtliche Vorsorge naheliegt. In vielen Fällen – ich denke vor allem an die nichtehelichen Lebensgemeinschaften – ist eine testamentarische Vorsorge unerläßlich.

Wer sein Vermögen ordnen will, steht damit vor der Frage, ob er das alleine kann, indem er sich mit dem Erbrecht vertraut macht oder ob er eine Expertin oder einen Experten heranzieht. Ich empfehle zunächst jedem, der sich mit dieser Frage beschäftigt, sich über die Grundsätze des Erbrechts (gesetzliche Erbfolge und Pflichtteilsrecht) selbst anhand des großen Angebots in der Literatur kundig zu machen. Wenn er aber feststellt, daß er ein Testament errichten oder eine andere Maßnahme zur Vermögensvorsorge treffen will, sollte er den Rat eines Fachmannes einholen. In meiner Tätigkeit als Rechtsanwalt habe ich zu viele der selbstgebastelten Testamente, die unwirksam, ungenau oder mißverständlich waren, gesehen und mich mit den Folgen auseinandersetzen müssen. Auch im Erbrecht gilt, daß Vorbeugen besser ist als einen Schaden zu beseitigen.

Vorsorgen!
Ziehen Sie bei der Abfassung eines Testaments oder einer sonstigen Maßnahme der vorweggenommenen Erbfolge stets einen erfahrenen Berater hinzu. Die Kosten einer vorherigen erbrechtlichen Beratung sind weit geringer als das hohe Kostenrisiko eines späteren Rechtsstreits. Außerdem hilft die Beratung sehr häufig, einen künftigen oft lebenslangen Streit unter Familienangehörigen zu vermeiden.

Wer berät im Erbrecht?

Sicher sind die Notare Fachleute im Erbrecht. Nur führt der Notar keine Verhandlung und vertritt keinen der Beteiligten in einem letztendlich alles entscheidenden Rechtsstreit. Dessen beurkundende Tätigkeit ist gerade nicht auf eine Vertretung einzelner gegenüber oft widerstreitender anderer Interessen ausgerichtet. Dies ist die Domäne des im Erbrecht engagierten Rechtsanwalts. Er kennt die Erbrechtsmaterie aus dem Konfliktsfall und weiß, daß oft unbedeutend erscheinende Ungenauigkeiten erhebliche Folgen nach sich ziehen. Er weiß auch, wie leicht aus einem ungetrübten, ja freundschaftlich verlaufenden Verwandtschaftsverhältnis das Gegenteil werden kann, wenn die Vermögensvorsorge ungeplant verlaufen ist.

4 Der Todesfall – was tun?

Die Trauer über den Verlust eines nahen Angehörigen wird nicht selten von einer tiefgreifenden Ratlosigkeit der Hinterbliebenen begleitet. Folgende **Schritte** sind zu tun:

4.1 Todesanzeige beim Standesamt

Die Hinterbliebenen oder andere, die von einem Tod eines Menschen erfahren (z.B. Ärzte) sind verpflichtet, den Tod beim **Standesamt** am Sterbeort anzuzeigen. Der Standesbeamte des Sterbeorts benachrichtigt dann seinen Kollegen beim Standesamt des Geburtsorts, der den Tod am Rand des Geburtenbuchs vermerkt und das zuständige **Finanzamt** benachrichtigt, damit dieses die Erbschaftsteuer festsetzt.

Die Hinterbliebenen sollten die **ärztliche Bestätigung** über den Todeseintritt und das **Familienstammbuch**, etwa auch die Urkunden über den Personenstand, also die **Geburts- oder Heiratsurkunden** vorlegen. Das Standesamt erteilt sodann eine **Sterbeurkunde**, deren Ausfertigungen die Hinterbliebenen
- der Krankenkasse (Sterbegeld),
- der Lebensversicherung,
- der Rentenversicherung oder
- der Unfallversicherung

zum Nachweis des Todes vorlegen können.

4.2 Beauftragung eines Bestattungsunternehmens

Als nächster Schritt ist ein Bestattungsunternehmen mit der **Bestattung**, gegebenenfalls Überführung des Leichnams zu beauftragen. Im Hinblick auf die Kosten – wer den Auftrag erteilt, muß zahlen – sollte der Auftraggeber stets klarmachen, ob
- er mit Vollmacht für die Erben,
- ohne Vollmacht für die Erben ohne selbst zu haften oder
- im eigenen Namen und auf eigene Rechnung

handelt.

Klarheit muß auch über den **Umfang des Bestattungsauftrags** (Art der Bestattung, Grab, Traueranzeigen, Abrechnung des Sterbefalls mit der Krankenkasse) herrschen. Möglich ist auch, daß der Erblasser mit einem Bestattungsunternehmen bereits zu Lebzeiten die Bestattung regelt.

4.3 Nachricht an die Kirchengemeinde

Gehörte der Erblasser einer Kirchengemeinde an, können die Hinterbliebenen auch die Frage, wer die Predigt halten und welchen Inhalt die Trauerrede haben soll, mit der Kirchengemeinde besprechen und vereinbaren.

4.4 Grab und Grabpflege

Wie beim Auftrag an das Bestattungsunternehmen sollten die Hinterbliebenen auch bei der Anlegung des Grabes oder bei Vereinbarungen über die künftige Grabpflege deutlich machen, ob sie in eigenem oder fremdem Namen (auf fremde Rechnung) den Vertrag abschließen wollen.

Wie bereits dargestellt, gehört die Grabpflege zur sittlichen Pflicht der hinterbliebenen Familienangehörigen; die Erben sind zur Grabpflege nur bei einer entsprechenden testamentarischen Auflage verpflichtet.

4.5 Nachlaßgericht

Die Hinterbliebenen sollten mit dem zuständigen **Nachlaßgericht**, also dem jeweils zuständigen Amtsgericht (in Baden-Württemberg das Notariat) vor allem in folgenden Fällen Kontakt aufnehmen:

- **Öffentliche** und besonders amtlich verwahrte Testamente werden vom Nachlaßgericht **eröffnet**;

- **Privatschriftliche Testamente**, die bei Privatpersonen – Verwandten, Freunden oder Rechtsanwälten – verwahrt sind, müssen an das Nachlaßgericht **abgeliefert** werden;

- Ein **Erbschein** wird ebenfalls beim Nachlaßgericht beantragt; gehört ein Grundstück zum Nachlaß, bedarf es zur Grundbuchberichtigung eines Erbscheins;

- Bei einer **unklaren Erbrechtslage** kann das Nachlaßgericht ebenfalls mit einem Erbscheinsverfahren helfen. Allerdings hat ein Erbschein lediglich die **widerlegliche Vermutung** für die Richtigkeit und Vollständigkeit seines bescheinigten Inhalts. Letztlich entscheidet jedoch das Prozeßgericht über die unterschiedlichen Auffassungen, welches nicht an einen Erbschein gebunden ist;

- **Testamentsvollstreckerzeugnis**
Auf Antrag des Testamentsvollstreckers erteilt das Nachlaßgericht ein Testamentsvollstreckerzeugnis, welches den Testamentsvollstrecker mit seinen Befugnissen ausweist;

- Bei einem **überschuldeten Nachlaß** sollten sich die Erben schnell an das Nachlaßgericht wenden. Dieses kann einen **Nachlaßverwalter** einsetzen oder ein **amtliches Nachlaßverzeichnis** erstellen;

- Besteht **Gefahr für den Nachlaß**, etwa weil Erben nicht bekannt sind oder örtlich entfernte Erben befürchten, daß andere den Nachlaß „beseiteschaffen", kann das Nachlaßgericht auf Antrag etwa auch anordnen, daß die Wohnung versiegelt wird (**Sicherungsmaßnahmen**);

- **Nachlaßpflegschaft**
Vor allem bei unbekannten Erben kann das Nachlaßgericht einen Nachlaßpfleger bestellen, welcher den Nachlaß sichert und für die unbekannten Erben einstweilen in Besitz nimmt, Steuerschulden bezahlt und ein Nachlaßverzeichnis erstellt.

4.6 Achtung: 6-Wochenfrist! Ausschlagen oder annehmen?

Nach dem Gesetz muß eine Erbschaft nicht angenommen werden. Der Erbe tritt also **automatisch** in die Rechtsstellung des Verstorbenen ein, ohne daß ein besonderes Dazutun erforderlich wäre.

Umgekehrt muß der Erbe sich jedoch durch die sogenannte **Ausschlagung** gegenüber dem Nachlaßgericht erklären, wenn er die Erbschaft nicht antreten will. Hierfür hat ihm das Gesetz eine äußerst kurze Frist von **6 Wochen nach Kenntnis von Erbfall und Berufungsgrund** (bzw. Beschwerungen oder Beschränkungen – dazu sogleich) gesetzt; 6 Monate beträgt die Ausschlagungsfrist, wenn sich der Erbe zur Zeit der Kenntnis im Ausland aufhielt.

In fast allen Fällen kann der Erbe ohne eine rechtliche Beratung nicht entscheiden, ob er die Erbschaft ausschlagen soll. Gefahr droht vor allem deshalb, weil sich der Erbe sehr häufig gar nicht bewußt ist, daß für ihn die Ausschlagung der Erbschaft besser als die Annahme sein kann.

In folgenden Fällen ist **Vorsicht** geboten:

- Der Nachlaß ist überschuldet;
- Beschwerung der Erben durch ein **Vermächtnis** oder eine **Auflage**;
- Beschränkung des Erben durch Einsetzung eines **Nacherben**, **Testamentvollstreckers** oder **Teilungsanordnung**.

> **Vorsorgen!**
>
> „In allen Fällen einer Erbschaft sollte der vorsichtige Erbe sich unbedingt rechtzeitig erbrechtlich beraten lassen. Dies gilt vor allem in den genannten Fällen der Beschwerung und Beschränkung des Erben".

Stichwortverzeichnis

A

Änderung einer letztwilligen Verfügung 136
Aktien 49
Altenteil 177
Altersvorsorgevollmacht 193
Amtliche Verwahrung 89, 136
Anfechtungserklärung 41
Anfechtungsklage 40
Anrechnung auf den Pflichtteil 154
Anwachsungsrecht 114
Aufgebotsverfahren 55
Auflage 66, 128
Auflagenschenkung 149
Aufschiebend bedingtes Vermächtnis 103
Aufschub 36
Ausbildungsbeihilfe 123
Auseinandersetzung 35, 36
Auseinandersetzungsanordnung 36
Auseinandersetzungsausschluß 127
Auseinandersetzungsklage 37
Auseinandersetzungsregelung 126
Ausgleichsanordnung 160
Ausgleichsrecht 163
Auskunftsanspruch 58
Ausländische Immobilie 51
Ausland 50
Ausschlagung 201
Ausschlagungsfrist 67, 201
Ausstattung 156
Aussteuer 158

B

Bankkonten 49
Bankvollmacht 195
Bausparvertrag 184
Bedarfsbewertung 72
Beerdigungskosten 184
Befreiter Vorerbe 118
Befreiungsvermächtnis 125
Belgien 51
Benachteiligung, Erben 141
Berechnung des Pflichtteils 59
Berliner Testament 101
Beschränkt persönliche Dienstbarkeit 174
Beschränkung 66
Beschwerung 66
Bestattung 129
Bestattungsbestimmung 133
Bestattungsunternehmen 199
Betreuer 196
Betreutes Wohnen im Alter 173
Betreuung 191
Betreuungsverfügung 196
Beurkundung 90
Bezugsrecht 189

Blutsverwandtschaft 16
Bodenrichtpreis 62
Bruchteil 98
Bürgermeistertestament 84

D

Dänemark 51
Dauerwohnrecht 174
Doppelbevollmächtigung 196
Drei-Zeugen-Testament 84
Dreimonatseinrede 55
Dreißigster 123
Dürftigkeit 55

E

Ehe 22
Ehebedingte Zuwendung 147
Ehegatte 22, 99
Ehegattenerbteil 24
Eherechtliche Lösung 26
Eigengenutztes Haus 142
Eigenhändige Niederschrift 85
Eigenhändige Unterschrift 85
Eigenhändiges Testament 84
Ein- und Zweifamilienhäuser 72
Einreden 34
Einreden des Erben 55
Eintrittsrecht 18
Eltern 19
Enterbung 109
Enterbung durch Testament 63
Entziehung des Pflichtteils 109
Erbausgleich, nichteheliches Kind 183
–, vorzeitiger 17
Erbeinsetzung 96

Erben 97
–, Benachteiligung 141
Erben der 1. Ordnung 17
Erbengemeinschaft 29
Erbfallschulden 53
Erbfolge 15
Erblasser, lediger 20
Erblasserschulden 53
Erbrechtliche Lösung 26
Erbrechtsberater 197
Erbschaft 42
Erbschaftsteuer 69
Erbschaftsteuerbelastung 71
Erbschaftsteuertabelle 74
Erbschein 200
Erbteil 24
Erbteilsverzicht 140
Erbunwürdigkeit 39
Erbunwürdigkeitserklärung 110
Erbvertrag 92
Erbverzicht 139
Erbverzicht gegen Abfindung 167
Erlebensfallversicherung 184
Ersatzbevollmächtigung 196
Ersatzerbe 113

Feuerbestattung 133
Forderungsvermächtnis 125
Forstwirtschaftlicher Betrieb 32
Frankreich 51
Freibeträge 74, 76

Gaststättenerlaubnis 49
Gattungsvermächtnis 124

Stichwortverzeichnis

Gebrechlichkeit 191
Geldvermächtnis 125
Geliebtentestament 82
Gemeiner Wert 71
Gemeinschaftliches Testament 90, 99, 107
–, Widerruf 139
Gemischte Schenkung 149
Generalbevollmächtigter 195
Gesamthandsgemeinschaft 30
Gesamtrechtsnachfolge 42
Geschäftsfähigkeit 191
Geschwister 20
Gesetzliches Erbrecht 23
Gesetzliches Vermächtnis 123
Gewerbliche Mietverträge 47
Gleichstellungsgeld 180
Gleitklauseln 181
Grab 199
Grabmal 133
Grabpflege 129, 199
Grober Undank 152
Großbritannien 51
Großeltern 21
Großer Erbteil 26
Grundbesitzwert 72
Grundschuld 45
Grundstücke 62
Gütergemeinschaft 28
Güterrechtliche Lösung 26
Güterstand 24
Gütertrennung 28

H

Haftung 34, 54
Handelsgeschäft 48
Handschenkung 148
Handwerksbetrieb 48

Haushalt 123
Hausrat 77
Heimliche Schenkung 165
Hinterlegung des Testaments 41
Hinterlegungsschein 89
Hochzeitsgeschenk 123
Hofübergabevertrag 146
Humanes Sterben 135
Hypothek 45

I

Immobilien 140

J

Juristische Person 96

K

Kapitalvermögen 73
Kirchengemeinde 199
Kleiner Pflichtteil 61
Kommanditgesellschaft 49

L

Landgut 63
Landwirtschaftlicher Betrieb 32, 37
Landwirtschaftsgericht 37
Lebenshaltungskostenindex 181
Lebensversicherung 184
–, Bezugsberechtigung 186
Lebensversicherung 50
Lediger Erblasser 20
Leibgeding 177

Leibrente 179
Leistungsvorbehalt 181
Letzter Wille 81
Letztwillige Verfügung 95, 136
Liniensystem 18

„Meckerer-Klausel" 106
Mietvorauszahlung 176
Mietwohngrundstück 73, 142
Mietwohnung 45
Miterben 34
Mitgift 158

N

Nacherbe 66, 117
Nacherbeneinsetzung 103
Nacherbenvermerk 116
Nachfolge 140
Nachlaß 43, 184, 200
Nachlaßerbenschulden 53
Nachlaßgericht 200
Nachlaßkonkurs 55
Nachlaßpflegschaft 201
Nachlaßspaltung 51
Nachlaßteilung 38
Nachlaßverbindlichkeiten 53, 71
Nachlaßverwaltung 54
Nachlaßverzeichnis 59
Nachlaßwert 59, 62
Natürliche Person 96
Nebenerwerbslandwirtschaft 63
Nichtbefreiter Vorerbe 116, 117
Nichteheliche Lebensgemeinschaft 23, 114

Nichtehelicher Lebensgefährte 123
Nießbrauch 170
Nießbrauchsvorbehalt 170
Norwegen 51
Notbedarf 151
Nottestament 84
Nutzungsrecht 171

Öffentliche Verwahrung 85
Öffentliches Testament 83, 90, 138
Österreich 51
Offene Handelsgesellschaft 49
Ordentliches Testament 83
Organspende 134

P

Patiententestament 135
Personen- und Vermögenssorge für Minderjährige 131
Pflege 178
Pflege im Alter 141, 162
Pflegekosten 177
Pflegeleistung 163
Pflichtteil 56
Pflichtteilsansprüche der Kinder 103
Pflichtteilsberechtigte 57
Pflichtteilsbeschränkung 111
Pflichtteilsergänzung 67, 188
Pflichtteilsquote 59
Pflichtteilsrestanspruch 64
Pflichtteilsverzicht 140

Stichwortverzeichnis

R

Reallast 45
Repräsentation 18
Rückgabe, öffentliches Testament 90, 138

S

Säumigkeit 55
Scheidung 22
Schenkung 67, 69, 140, 145
–, Formvorschriften 150
–, heimlich 165
Schenkung auf den Todesfall 148, 164
Schenkung mit Auflage 149
Schenkung unter Lebenden 147, 148
Schenkungsarten 148
Schenkungsauflage 180
Schenkungsteuer 69
Schenkungsversprechen 149
Schenkungswiderruf 152
Schlußerben 101
Schulden 53
Schweiz 51
Seetestament 84
Sicherungsmaßnahme 200
Sonderkündigungsrecht 47
Sozialamt 151
Spannungsklausel 182
Spekulationsabschöpfung 183
Stammsystem 18
Standesamt 198
Steuerersparnis 142
Steuerklassen 74
Stichtagsprinzip 62
Stiftung 132
Strafklausel 106

T

Teilungsanordnung 66, 123, 127
Teilungsversteigerung 38
Testament 96, 116, 122, 131
–, Änderung 136
–, Widerruf 136
Testament als „Entwurf" 86
Testament vernichtet 138
Testamentsformen 83
Testamentsvollstrecker 33, 37, 66, 129
Testamentsvollstreckerzeugnis 200
Testierfähigkeit 83
Testierfreiheit 81
Testierunfähigkeit 83
Tod des Mieters 45
Tod des Vermieters 47
Todesanzeige 198
Todesfall 198
Todesfallversicherung 184

U

Übergabevertrag 145, 179
–, Form 146
–, Gegenstände 145
–, Immobilien 145
Überrest 117
Übertragung eines Anteils 32
Übertragungsvertrag 145
Unbebaute Grundstücke 72
Unterhaltsverpflichtung 151
Urkundenfälschung 40
Urkundenunterdrückung 40
USA 51

Verbotenes Vermächtnis 126
Verjährung des Pflichtteilsrechts 58
Verkauf 38
Verkehrswert 71
Verlorener Baukostenzuschuß 176
Vermächtnis 66, 119
–, Arten 122
Vermögen 42, 98
Verschaffungsvermächtnis 126
Versicherungsprämie 188
Versicherungssumme 185
Versorgung 177
Versorgungsfreibetrag 76
Verwaltung 32
Verwandte 17
Verwandtenerbfolge 16
Verzicht, Folgen 169
Vollerbe 116
Vollmacht, allgemein 195
Vollmacht auf den Todesfall 194
Vollmacht über den Tod hinaus 194
Vor- und Nacherbschaft 101, 115, 118
Voraus 29, 123, 151
Vorausvermächtnis 120, 122, 128
Vorkaufsrecht 32
Vormund 132
Vorsorgevollmacht 192
Vorweggenommene Erbfolge 79, 139
–, als Ergänzung zum Testament 143
–, Vor- und Nachteile 143
–, Ziele 140
Vorzeitiger Erbausgleich 141

Wahlvermächtnis 124
Wertsicherung 180, 181
Widerruf 107, 138
Widerruf der letztwilligen Verfügung 90, 136
Wiederverheiratungsklausel 103
Witwenversorgung 185
Wohnen im Alter 141, 176
Wohnraum-Mietvertrag 175
Wohnrecht 173
Wohnungseigentum 174
Wohnungsreallast 175
Wohnungsrecht 174
Wohnungswirtschaftlicher Betrieb 140

Z

10-Jahres-Frist 68, 79
Zugewinngemeinschaft 24
Zuschuß 158
Zuwendung 139
Zweckschenkung 150